Colección *Facultad Libre*
Dirigida por Fernando Peirone

Genealogías

Trabajo y violencia
en la historia argentina

Horacio González

Horacio González
Genealogías. Trabajo y violencia en la historia argentina. - 1a ed. - Rosario :
Homo Sapiens Ediciones, 2013. - (Facultad libre; 0)
E-Book.

1. Historia Argentina.
CDD 982

Fecha de catalogación: 31/05/2013

© 2013 · **Homo Sapiens Ediciones**
Sarmiento 825 (s2000cmm) Rosario · Santa Fe · Argentina
Telefax: 54 341 4406892 | 4253852
E-mail: editorial@homosapiens.com.ar
Página web: www.homosapiens.com.ar

Desgrabación: Patricio Irisarri
Diseño editorial: Adrián F. Gastelú
Diseño E-Book: Patricio Abratti

Índice

Introducción

En el año del Bicentenario, con los chicos de la Facultad Libre de Rosario, nos planteamos la idea de profundizar el debate sobre nuestra historia, un debate que, si bien nos acompaña desde un comienzo como parte constitutiva de nuestra vida institucional, se había acentuado en el año 2009 con el ciclo *Pensar la Argentina del Bicentenario*, en el que habían participado Yuyo Noé, Fogwill, Atilio Borón, Miguel Lifschitz y Tomás Abraham, entre otros. Cada uno de ellos fue abriendo el juego hacia el sano ejercicio de pensarnos y dejando la tierra fértil para un camino que se presentaba para ser continuado. Les propusimos, entonces, a Eduardo Grüner, Horacio González y León Rozitchner el armado para 2010 de una materia-ciclo ambiciosa y desafiante. La idea era que cada uno trazara, desde donde más lo inquietase, una genealogía de la política argentina.

A mí me tocó la tarea de trasmitirles la idea, tratando de que les resultara seductora, tanto como para entusiasmarlos y lograr que hicieran un lugar en sus complicadas agendas para venir dos veces cada uno a Rosario; hoy puedo decir que no fue una tarea fácil, no por lo ingrata sino por lo dificultoso que fue coordinar las fechas, debido a la cantidad de compromisos que cada uno de ellos tiene en la vida pública de nuestro país. Con Horacio, reunidos en el bar Británico, diagramamos las líneas generales del seminario. "Mal te está haciendo tanta lectura de Foucault", me dijo, pero para un apasionado congénito como es él, no fue difícil arrancarle un sí que ya habíamos conseguido de León y que ahora poco nos costaría obtener de Eduardo.

Conociéndolos, sabíamos que iban a dejar la piel. Lógi-camente, hubo idas y vueltas porque a último momento tuvimos que mover algunas fechas, lo que nos valió ciertas críticas, pero todo terminó organizado y anunciado en tiempo y forma. El ciclo concluyó inquietando por igual a los alumnos y a los organizadores: a partir de ese momento, sería vano no asumir que nada nos quita poder pronunciarnos sobre la historia argentina, sin olvidar qué necesario sería hacerlo desde una vinculación apasionada, buscando siempre que esa "pasión esté justificada en una respiración amplia de todos los elementos de la historia", como verán que el propio Horacio dijo en su charla, y como todos los asistentes damos fe que lo hicieron los tres expositores.

En ese vaivén de agendas y debates se fue originando la posibilidad del libro que aquí presentamos: al pasarse de fecha la primera clase de Horacio, con la consecuente imposibilidad de algunos inscriptos para asistir, varios alumnos nos solicitaron que se desgrabara la clase –nosotros ya habíamos tomado la decisión de grabarlas– para luego ser facilitada a los ausentes en un documento digitalizado. Y así lo hizo Patricio Irisarri, llevando adelante un trabajo de impecable artesanía que más tarde revisaría y extendería el propio Horacio para este libro. Como verán, en esa primera reunión Horacio planteó algunas líneas del posterior desarrollo que iban a tener las clases, arremetiendo con un tema que, por su extensión, tuvo que terminar de explayar en la segunda clase. Lo que nos separaba de un libro era un trecho corto: una editorial como Homo Sapiens, dispuesta a expandir la colección que en 2007 abrió la Facultad Libre con *Las ideas del rock*, de Sergio Pujol, la disposición del disertante al menos a "ojear" la desgrabación, cosas como esas.

Particularmente sobre la genealogía hecha por Horacio, ese "humilde rastreo" que propuso de los intersticios menos transitados de la historia argentina, pero también de los grandes temas que conforman los debates del presente –que se hace, se regenera y se reinterpreta permanentemente–, nos queda por resaltar el gran aporte que representa para nosotros como grupo reiterar el agradecimiento a quienes asistieron, y destacar la huella que ha dejado en su paso por la *Facu Libre* y por la ciudad de Rosario. El valor no mensurable de esta genealogía radica para nosotros en lo siguiente: es un esfuerzo hecho en cada paso de labranza de la palabra dirigido a no hacerlo con elementos únicos, obturantes, miopes. Por el contrario, hay un trazo que ensalza lo más rico del debate sobre los temas planteados, sin por ello renunciar a pronunciar el lugar que su decisión argumental toma en los temas más candentes, nimios o trágicos que hicieron y hacen a la política argentina.

Desde el comienzo, esta genealogía nos invita a no desconocer la libertad de la que podemos disfrutar, pero al mismo tiempo el aguijón *horaciano* nos plantea un desafío: no quedarnos en un análisis inmóvil, sino entender que, si es imperioso discurrir sobre la libertad, justamente en un ámbito donde nos es posible pensarla, es porque en realidad no alcanza con que sea pensada: hacer uso de la palabra para traer al mundo aquello distante o inexistente es una decisión que Horacio ejecuta. Es un acto de libertad, de más está decirlo, que pocos encaran y encarnan, sobre todo cuando la expresión es la de los demás.

Nuestra idea primera de hablar de la historia argentina en mestizaje constante con el presente de nuestra sociedad y del mundo, encontró un festejado reto en esta genealogía: el reto de ir todavía más allá, sin un "hasta" que nos limite en la búsqueda de los diferentes planos, frecuencias, ritmos que pueden convivir en un mismo punto de tiempo. Es un reto que no nos resulta extraño, pues renueva el reto que también hicieron otros referentes de la grilla de profesores de la *Facultad Libre*, como lo fueron los memorables Nicolás Casullo, Fogwill o el querido David Viñas, que tras su partida dejan debates y escritos que nos interpelan, de manera desafiante, a no cerrar la mira en una única lectura de las cosas.

En momentos donde el intercambio de ideas sobre la importancia de los símbolos y el peso político de la cultura no sólo esconde argumentos últimos en argucias discursivas, sino que a veces también cristaliza qué lugar cada uno toma en ese largo debate entre el poder de las armas y el poder la palabra, esta genealogía, que se origina en los conceptos de trabajo y de violencia en la historia argentina, nos vuelve a invitar al barro. Definiendo el debate como cervantino, Horacio propone hurgar en los dramas y las paradojas, en las chicanas y las grandezas de lo pasado y del presente.

Hay un reniego de la creencia de que hay cicatrices que se sellan para no volver a abrirse. Sean éstas cuales sean. En la medida en que una corriente de época empuja en dirección alguna, es vano, según Horacio, querer detener la rueda. Es esta una enseñanza a recordar, un prisma a través del cual establecer caminos de discusión hacia el reconocimiento fijo que en todo debate cultural subyace, aun cuando haya una negación de los orígenes, fuerzas que por no ser las más pomposas de ninguna manera renuncian a determinar los vaivenes que puede tener la definición aún momentánea de los procesos sociales.

Queda hecha por los chicos de la *Facultad Libre*, entonces, la invitación a adentrarse en esta genealogía que a continuación se presenta. El agradecimiento al querido Eduardo y a nuestro íntimo amigo León, ya que sin su fiereza seguro se nos haría mucho más cuesta arriba la producción de este espacio cultural y educativo, que ya lleva varios años nutriéndose de sus tan sensibles consejos y pensamientos.

A Horacio, fiel a su vocación, un agradecimiento impreso en páginas librescas, por arrojar otra botella más al mar, esta vez de manera conjunta.

Adriano Peirone, Coordinador de Facultad Libre de Rosario

Marzo de 2011

Parte I

En las últimas décadas, la vieja expresión "genealogía" ha tenido una gran repercusión en los estudios filosóficos. No es una palabra desprovista de enigmas o capacidad de inquietarnos. Sin embargo, siempre podemos recurrir al modo en que ella se hace presente en nuestro pensamiento más cotidiano. Se trata, eminentemente, del "conocimiento del origen", del "conocimiento de la lógica originaria de las cosas". Cuando decimos "árbol genealógico" o "genealogía familiar", de alguna manera estamos indicando algo en relación a esa palabra, referida a lo que más cerca tenemos en cuanto a origen, la familia que nos acoge o los ancestros mediatos e inmediatos que confluyen en nuestra propia biografía. Pero la expresión tiene hoy mucha fama después de que la tomó **Nietzsche** 1 e hizo con ella una maravilla del pensamiento filosófico, respondiendo al pensamiento de la historia, cuestionando el pensamiento historicista y colocando la investigación del origen en los grandes conceptos de la moral. Siendo así, la genealogía sería lo contrario al pensamiento de la historia, pues referiría la formación, al margen de lo histórico colectivo, de los conceptos del orden moral mismo: las sociedades vistas desde lo que son las estructuras inconscientes del lenguaje, cuyo poder hay que develar para entender el significado de la historia, que la mera secuencia de los tiempos evolutivos siempre oculta.

Estas relaciones múltiples, generadas por un sujeto colectivo a lo largo de un tiempo impreciso pero comprensible, destilan formas públicas de entendimiento de los valores: el Feudalismo, el

Romanticismo, la Modernidad. Eso sería la historia, con su dramatismo específico y con sus autorías múltiples. La genealogía, en cambio, se caracterizaría por permitirnos trazar un conjunto de relaciones y de vínculos entre elementos muy particularizados, lo que puede constituir perfectamente el árbol genealógico familiar como esqueleto de la formación de conceptos vitales de la moral reinante, definida ésta como una articulación invisible de poderes. Son relaciones que parecerían obligatorias, padre, hijo, etc., y si las remitimos a conceptos, también habría que fijarse en las ramificaciones y legados, que se heredan de unos a otros aunque cambien de nombre. No dejan demasiado abierta la posibilidad de una autoría colectiva, ni del intercambio de elementos de una manera incesante, sino preferiblemente de un mismo elemento que puede expresarse a través de la memoria de sus ruinas. Por ejemplo, el concepto de tiempo, de poder, de familia o de bienestar, a través de sus mutaciones y sus modalidades, que son corroídas por el olvido de su origen, aunque éste, para el genealogista, siempre está secretamente presente y en cuestión. Tanto que la genealogía determina el origen a la manera de un legado que se debe al momento anterior, de una relación familiar donde la biología tiene cierto peso para encajonar las libertades que da el mundo cultural, y decirles "no pueden hacer la historia libremente, están atadas a un origen que desconocen".

Estudiar, entonces, la historia de los conceptos como si hubiera una oculta relación biológica entre ellos, eso ya es genealogía. Poder aislar conceptos para estudiar su propia historia –ya no la historia general de un país, sino la historia de un concepto–, a eso me llevaría la cuestión genealógica, dando cuenta de la gran revuelta que produce Nietzsche en el pensamiento filosófico del siglo XX con su idea de **genealogía de la moral** 2. Se trataba de una historia de la moral, no de la moral de la historia, donde era posible identificar la historia de las formas del poder que daban origen a esa idea de lo moral. Acá es la moral, la culpa, el resentimiento, el ascetismo, como lazos espirituales entre las fuerzas vivas de dominio, surgidos precisamente del propio dominio como sus justificaciones ideológicas. Lo moral y su mundo no conocen entonces su origen en lo que verdaderamente les da sentido, su posición en un cuadro previo de señoríos y dominios. Recordarán que, a través del delicado análisis de las palabras, del origen de los conceptos de bueno y de malo, Nietzsche reconocía en el origen de la moral la fuerte idea de que había un poder establecido previo, donde lo bueno era lo poderoso y aquello que aparecía como ruin, malo o inconveniente estaba asociado a los débiles, a la "moral de los esclavos", promovida y encarnada por los sacerdotes. Es una idea tan discutible, pero, al mismo tiempo, tan luminosamente desarrollada en ese libro, que al promediar los años 60 del siglo XX, generó una gran revuelta filosófica asociada al nombre de **Foucault** <u>3</u> y de tantos otros.

¿Cómo podríamos utilizar este concepto hoy, aquí, para esta historia argentina que, frente a los grandes maestros filosóficos de la humanidad, parecería un capítulo menor de la historia de la filosofía universal? Sin embargo, es la historia que nos interesa, la de nuestro país. De modo que, frente a la invitación de la Facultad Libre, me propongo hacer el rastreo genealógico de dos conceptos que tienen pertinencia en profundidad en la historia argentina: el concepto de trabajo y el de violencia. "Rastreo" es una forma menor y hasta trivial de llamar a lo mismo que llamamos "genealogía", es decir, la posibilidad de ver cómo este concepto fue percibido a lo largo del tiempo, cómo aparece, cómo se lo trata, cómo se lo constituye en relación a otros conceptos. Propongo, entonces, ubicarnos en una "moral del rastreador" para cosechar algunas figuras y transformaciones en el concepto de trabajo tal como aparece en el debate argentino. Sin pretensiones exhaustivas ni más menciones que las anteriores, por cierto muy rápidas, al dilema de las genealogías.

Comencemos entonces por el concepto de trabajo. ¿Cuándo aparece como un dilema, cuándo aparece en el horizonte de la discusión política? Hoy sabemos bien que las cuestiones del trabajo son asuntos del Estado, cuestiones de la vida social, de la organización sindical, y en un sentido más amplio, cuestiones de la producción y de la vida. No podríamos concebir nada sin la idea de trabajo. Y la historia del trabajo es muy practicada a lo largo de la historia contemporánea, hay muchos excelentes ensayos sobre la historia del trabajo. Aquí bastaría recordar los clásicos de la economía política del siglo XIX, entre los cuales el nombre de Marx es siempre el más estrictamente recordable. El trabajo aparece como la práctica creadora de lo social y de lo histórico mismo a partir de un ejercicio productor ante el mundo de la naturaleza. ¿Cómo produce esta creación el trabajo? Justamente, modificando la naturaleza y generando la idea misma de hombre, generando un sujeto que se reconoce en la reflexión social y subjetiva que permite el trabajo y las relaciones que genera. Entre el sujeto y el objeto está el trabajo, y según la clásica visión de los economistas políticos –Adam Smith, David Ricardo, y el propio Marx–, el trabajo es el productor de valores, de subjetividad, de los cambios en la naturaleza, el productor de la organización de la vida y, finalmente, del Estado. Por eso la idea de organización del trabajo es una idea central de la historia de las sociedades y, al mismo tiempo, de la historia de la conciencia humana. Lo que el trabajo hace es constituir un sujeto como alguien que está destinado a las prácticas, a modificar la naturaleza, y a pensar esas mismas prácticas del más diverso modo que uno pueda imaginar. Entre trabajo e imaginación no hay distancia, ni contraposición, al contrario, el trabajo es una forma de la imaginación. Cuando el trabajo es explotado, brutalizado y convertido en foco de la opresión, parecería que trabajo e imaginación son polaridades o términos totalmente enfrentados. Pero aún en las condiciones más sufrientes del trabajo, donde éste aparece como un suplicio o castigo, la imaginación –originada también por la misma práctica laboral– dice "esto no puede ser así". El trabajo origina formas de explotación, y es el que origina –dando la idea de lo humano mismo– la forma de superar la explotación, por lo tanto, la imaginación. Trabajo e imaginación, aún en las condiciones más sufrientes del trabajo, no dejan de ser lo mismo.

En Argentina, la historia del trabajo no difiere mucho de la historia del trabajo que se puede hacer, como han hecho los grandes clásicos, en términos del desarrollo de las fuerzas productivas, el perfeccionamiento de los utensilios técnicos, el avance de la ciencia y la técnica como ideología, y finalmente, la gran proposición filosófica en términos de las tecnologías, que es que éstas, originadas en el trabajo humano, se convierten en fantasmas antagónicos del mismo. Aparecen como formas de dominio del trabajo humano, cuando fueron creadas por éste. Es el gran dilema por el que atraviesa la humanidad entera. Esto no es específico de la historia de un país. Los frutos del trabajo muchas veces se levantan contra el trabajo y parecen dominarlo e incluso relativizarlo, pero son, no obstante, parte del trabajo humano, de las conquistas y descubrimientos tecnológicos, que tienen un origen emancipador, y que en su propio carácter llevan también el intento de anular ese proyecto latente de emancipación que tiene toda revolución tecnológica, como la que ocurre con la que actualmente estamos avizorando. Es una revolución tecnológica de características emancipadoras de las que no siempre aparecen, puesto que éstas poseen frecuentemente valores negativos en lo que se refiere a generar nuevas formas de poder y de relativización de la experiencia humana.

Con estos conceptos podemos hacer la genealogía del trabajo en la Argentina, en términos de considerar cuándo aparece con mucha fuerza la idea del sujeto laboral como centro de la política argentina, y por lo tanto, esa será una idea de la historia misma de la política, y del sindicalismo argentino –cuyo tema evidente es la representación del trabajo en términos de una representación de los sujetos, los trabajadores, obreros o proletarios, nombres diversos para la misma ocupación, pero que son diversos porque están relacionados con distintas visiones ideológicas de lo que es el trabajo–. Trabajo e ideología son conceptos que se reclaman mutuamente.

En 1903 se proyecta una **Ley de Trabajo** en Argentina, es la primera con ese nombre en el país y en toda Latinoamérica. Está a cargo del ministro de trabajo de aquel momento, que se llamaba **Joaquín V. González** [4] y que pertenecía al núcleo de relaciones políticas del presidente de la época, el general Roca. El **roquismo** en la Argentina es un estilo político que tiene en vista la posibilidad de que el Estado intervenga muy especialmente en ciertas materias de la vida social, que tenga a su cargo cierto poder arbitral, que esté en condiciones de generar ciertos servicios que sólo al Estado le pertenecen. Es conocida la frase del General Roca acerca de que "no se puede rematar la aduana y el telégrafo", es decir, las comunicaciones y el comercio exterior tendrían que estar en manos del Estado desde el punto de vista del roquismo, el mismo que hoy es visto desde el ángulo de la ampliación del Estado en su control del territorio nacional a costa del saqueo de las poblaciones indígenas. El primer aspecto señalado originó que, transcurridas varias décadas, más precisamente en los años 50, el pensamiento de Roca fuera invocado como un cierto antecedente del peronismo. Pero en relación con ese punto, y al mismo tiempo, desde los años 80 hay otro debate relacionado al roquismo: todo lo que a Roca se le atribuye en términos de la fuerte intervención del Estado es la conquista de tierras con la grave situación que esto produce en los conglomerados indígenas de vastísimas zonas del sur de la Argentina, la entrega de esas tierras a la especulación de todo tipo – origen de la oligarquía, las aristocracias terratenientes del país, que venían de antes pero que se consolidan con la Campaña del desierto–, y el modo en que se conquistan las tierras que tenían otros regímenes de trabajo, que estaban trabajadas de otra manera, y que pertenecían a otra cultura de la tierra, con otros idiomas, otras etnias, otro lenguaje–. No era exactamente otra Argentina, sino algo previo a la Argentina, que el Estado Nacional también se asigna la tarea de incorporar al juego económico con un fuerte costo moral de devastación. De modo que el Estado es muy activo en incorporar tierras, en producir una unidad territorial creando una clase económica particularizada, privatizadora, origen, en gran medida, de buena parte de las discusiones argentinas de las décadas posteriores; es decir, la gran oligarquía terrateniente –en aquel momento una oligarquía criolla–, internacionalizada a lo largo del siglo XX, es efectivamente hoy una propietaria de tierras, con un modo bastante más difícil de discernir, porque se trata de capitales que trabajan la tierra cuyos orígenes ya se escapan –como las tierras de la Patagonia–.

En ese contexto de comienzos del siglo XX, donde la "cuestión social" es motivo de preocupación de los partidos liberales y tema de varias encíclicas papales, aparece la Ley del Trabajo, que está precedida por una gran investigación social realizada por un especialista en esta cuestión, el ingeniero catalán **Bialet Massé 5** , quien en sus orígenes tenía simpatía por el anarquismo. De modo que también tenemos acá una situación muy interesante, porque el roquismo –el general Roca especialmente– intenta atraer para el Estado a intelectuales, técnicos de distintas proveniencias. Lo trajo a **Lugones 6** , a **Ingenieros 7** , trajo también a Bialet Massé que es enviado al interior del país, a Catamarca, San Juan, Chaco, para relevar las condiciones de trabajo de los trabajadores criollos. Y escribe un trabajo muy célebre en la memoria social argentina que se llama *Situación de la clase obrera en Argentina*. Es una obra muy bien escrita, deliciosa por momentos, muy crítica de las condiciones de trabajo –hoy, seguramente, la llamaríamos progresista–. Además Massé, quien fue un constructor de diques, vinculado al Estado, sin embargo, paradójicamente, no dejó nunca de tener simpatía por el anarquismo. Al mismo tiempo interesado en la iluminación a gas, como Jorge Newbery, es decir, un técnico vinculado al progreso y la modernización con las tecnologías de la época. En ese libro se discute la idea que predominaba en la clase intelectual positivista de la época, de que la clase trabajadora criolla era ociosa y que no estaba en condiciones de participar en la gran aventura de construir un país capitalista. La idea era la construcción de un país moderno, tema que nunca ha cesado en la imaginación política argentina y tendrá su epicentro en los años del gobierno desarrollista de Frondizi. El capitalismo necesitaba trabajadores que sean de cierto tipo, convertidos en obreros según el clásico proceso de la conversión de los trabajadores previos a este sistema –de origen campesino– al mundo de la fábrica industrial, trabajadores seriales. O como los llamó Marx, trabajadores "parcelarios", es decir, que hacían una parte del trabajo, mientras una autómata central, que era la máquina, regulaba la totalidad conceptual del proceso productivo, lo cual convertía a los trabajadores en brazos mecánicos de esas máquinas.

La idea de los positivistas de la época no era esa, puesto que el tratado de las *Bases* que había escrito Alberdi, en el sentido de que los mejores obreros eran los de la inmigración y, particularmente, los ingleses, había establecido un largo estilo de reflexión. Existía la idea de que había que importar aquellos obreros que habían sido educados por la industrialización inglesa, la cual tenía ya dos o tres siglos –según qué momento se considere como su punto de partida–. Trabajadores producidos por la Revolución Industrial Inglesa, que provenía de fines del siglo XVII, que había estallado en el siglo XVIII, y que formó parte de una gran construcción cultural del mundo moderno que era la idea misma de obrero, es decir, alguien que no tenía los medios de producción, que cumplía horarios rígidos, alguien que estaba bajo una disciplina industrial que era semejante a la militar. Y Alberdi pensaba que ese era el modelo de obrero que precisaba la Argentina, y existía un desdén basado en la idea de que la masa cultural argentina solo producía formas políticas clientelistas y formas laborales ociosas y carentes del estímulo capitalista por excelencia que es el lucro o el ahorro. Dichas formas denotan que ese tipo de obrero no estaba entretejido con los pliegues de la cultura nacional. El famoso trabajo de **Carlos Octavio Bunge** [8] llamado "Nuestra América", en 1902, señalaba con el concepto de "pereza criolla" la idea de que no había un obrero nacional capaz de fundar el capitalismo en el país, capaz de ser ese obrero de las máquinas inglesas, el cual debía ser traído junto a las máquinas.

El trabajo de Bialet Massé "Situación de la clase obrera en Argentina" tiene muy buena fama en la tradición del peronismo porque es un trabajo que responde a la idea de que se podía ver una clase obrera nacional surgida del seno de la cultura criolla, gauchesca. El gaucho, ya se dijo, no era visto como un trabajador capaz de formar parte del régimen de industrialización y de acumulación capitalista en Argentina, pero esa no es la idea de

Bialet. En la última visión del gaucho, en el *Martín Fierro*, de José Hernández, aparece muy titubeante la idea de ese gaucho que desarrolla su plegaria de sufrimiento y de pérdida, que convive con los indios, los repudia, y vuelve dispuesto a una moral laboral; del algún modo, el *Martín Fierro* –que es un gran poema– tiene ese trasfondo de anunciar que, a partir de la gesta solitaria del gaucho, puede surgir un proletario. Es el gran tema de las clases gobernantes de la época. ¿Era posible, a partir de la idea de gaucho, pasar al mundo moderno de trabajadores? En el caso de los positivistas argentinos, tenían fuertes proyectos de carácter racista, y muchos de ellos eran intelectuales de gran relevancia. Ingenieros pasa por esa tentación racista y eso no quita sus compromisos sociales y políticos posteriores. Sin embargo, Bialet Massé no incurre en esas visiones prejuiciosas pues venía del anarquismo, una proposición histórico-social y política que tiene cierta simpatía por los gauchos. Los anarquistas argentinos inmigrantes siempre vieron en el gaucho un tipo especial de oprimido, y sobre todo en el payador, que es el cantor de los oprimidos, que generó mucha simpatía en las filas anarquistas. El anarquista español, italiano, alemán, que se instalaba en las grandes ciudades argentinas, sentía una simpatía natural hacia el payador y el gaucho, porque lo veía como oprimido, y el anarquismo no era una teoría del pasaje al capitalismo, era una doctrina de la capacidad del género humano de escapar de la opresión. Bialet Massé es poseedor de esta idea, y esto lo lleva a escribir un libro donde dice que este trabajador que venía del núcleo mismo de la formación cultural argentina ha estado en condiciones de participar de la fundación de la Argentina moderna, del trabajo urbano e industrial. Ese libro tiene estas características, defiende el trabajo nacional y no es un libro anticapitalista, rompe con la idea del obrero inmigrante inglés, porque los inmigrantes ya no eran de este tipo, sino que eran campesinos provenientes de las zonas pobres de Italia y España, a los que también había que convertir al mundo industrial. La obra cumple el rol de desmerecer el mito de la incapacidad del trabajador nacional pero para hacerlo formar parte del tejido nuevo que tenía que estar presente en la Argentina a través de la creación de un mundo laboral, que sería el de la fundación del capitalismo moderno. La Ley de Trabajo de Joaquín V. González –que fue quien, en 1903, encarga el viaje de Bialet Massé al resto de la República– estaba en consonancia con esta idea y, por lo tanto, era una ley nacional que –aunque no se aplicó por distintas discusiones al respecto– implicaba cierta tolerancia a la sindicalización, a la vez que de algún modo señalaba la inconveniencia de tomar a la sindicalización de socialistas y anarquistas de la época como motivo de represión. Así lo dice en su libro de 1910, *El juicio del siglo*. Ese es el primer gesto que hace la oligarquía dominante, de este sector progresista del roquismo, también del pellegrinismo, que atisbaba la posibilidad de que en Argentina hubiera una suerte de socialdemocracia tutelada por el Estado. Esta es un poco la idea de Carlos Pellegrini. Roca, por su parte, tenía ese proyecto estatista que lo haría capaz de pensar una idea del trabajador nacional con ciertos derechos que le serían respetados.

En 1910, Joaquín V. González escribe el mencionado libro, el cual será célebre y cuyo nombre, como ya se dijo, es *El juicio del siglo* 9, que es uno de los principales escritos del Centenario. Allí se presenta un enjuiciamiento a todo el siglo XIX argentino, en términos bastantes ecuánimes. Es la Argentina que siente haber triunfado después de las guerras civiles, con una clase gobernante ya despojada de los resabios de dichas guerras –algo que se acentúa muy bien después de la Batalla de Caseros–, vinculada al mundo mercantil, a las inversiones, al capitalismo inglés, pero al mismo tiempo, con un balance de la historia más amable del que habían hecho las generaciones anteriores. Por ejemplo, González señala el martirio de Dorrego de una manera muy simpática hacia él. Tiene una visión excesivamente cruda del período de Rosas. Es un juicio basado en la serenidad, si es que alguna vez una república se puede permitir ese tipo de juicio; hay que pensar si ahora sería posible un juicio de esta clase. Sin embargo, el libro de Joaquín V. González, publicado por entregas en el diario *La Nación*, señalaba, en un último capítulo, que venía lo que se llamaría "la cuestión social". Era un tema que incomodaba, y que había que resolver incorporando, integrando. Aquí se destaca la figura de León XIII, y otros, con una postura clara, vinculada al tema del trabajo, y constituyen el inicio de lo que con los años será el socialcristianismo o la Doctrina Social de la Iglesia, en relación a que el trabajo debe ser incorporado y no reprimido, etc. Se dicta, en esa época, la Ley de Residencia, que disponía la expulsión de los militantes políticos del anarquismo y el socialismo que se empeñaran en reivindicaciones exaltadas o practicaran la violencia. Esa ley fue redactada por **Miguel Cané 10**, el autor de *Juvenilia*. Es todo el conjunto de problemas en relación al trabajo en esa misma época: incorporación y represión, disciplinamiento o expulsión, el balancín conceptual que siempre ha caracterizado a las clases dominantes y su pensamiento más recóndito.

Esa ley nacional del trabajo finalmente no se aprueba y queda como antecedente de las cuestiones del trabajo en Argentina, sentando conceptos que formarán parte de la legislación laboral, una legislación moderna que estará asociada a las vicisitudes de la Argentina contemporánea –donde el movimiento sindical, producto de todas estas discusiones, es algo que no puede ser pasado por alto en una consideración seria sobre la vida política y social del país–. Esto es lo que origina la relación complicadísima y compleja del Estado con los movimientos gremiales y sociales. El **yrigoyenismo** no proviene exactamente de la clase obrera. Es un fenómeno que tiene una estructura moral muy importante; se trata de una moralización de la esfera pública, un fenómeno vinculado a una filosofía de gran importancia para la época, que tiene su origen en Alemania, una filosofía hasta incluso contemporánea a la de Hegel, que era la de **Krause 11** . Ésta se sostenía en la idea de que lo social y lo cívico son entidades equivalentes al mundo sagrado, y que forman parte de una mística laica, la cual se basa en el lenguaje asociativo de los hombres para cumplir las grandes tareas de la humanidad. No debería haber países que no cumplieran la tarea de la humanidad. Yrigoyen es discípulo de Krause. La vida social tiene algo de místico, esa mística ciudadana, cívica, que hace que en los momentos de riesgo, de peligro, el ciudadano se recree a sí mismo como un político que custodia los valores trascendentales de la nación.

Eso es el yrigoyenismo, por lo tanto, no surge del movimiento obrero, no surge del pensamiento sobre el trabajo. Sin embargo, se definía por el hecho de ser un movimiento poseedor de una estructura ética última, consistente en la afirmación de que "los países son para la humanidad, la constitución es una oración laica y hay una sacralidad en los pueblos". Aún así, evidentemente hay una sensibilidad hacia los movimientos sociales y la desgracia de haber tenido que reprimirlos, como en la Semana Trágica, o en la Patagonia. El yrigoyenismo es una señal al rojo vivo del drama de la historia nacional. Un movimiento de moralización de la esfera pública que, al mismo tiempo, tiene el descuido, la impotencia o la insensatez de encabezar fuertes represiones o de no poder impedirlas. Las órdenes no venían directamente desde el yrigoyenismo, pero fue absolutamente frágil, débil y, por momentos, irresponsable para impedirlo. La cuestión social o del trabajo en Argentina tenía, en el mundo yrigoyenista, los tristes jalones de la Semana Trágica de 1919, y la expedición del ejército a la zona de la Patagonia dos años después, donde existieron fuertes represiones.

Al mismo tiempo, el yrigoyenismo desarrollaba una idea del trabajo un poco aleatoria, porque esta categoría no estaba en el corazón mismo de su reflexión; no provenía de la clase trabajadora ni tenía la idea de que había un sujeto de la historia. El sujeto de la historia era una suerte de militante popular, de ciudadano capaz de tomar las armas cuando sucumbiese la república. Es así la revolución del 90, de **Leandro N. Alem** 12 . Un hecho muy violento, que tuvo lugar en Buenos Aires, en la actual plaza Lavalle –todavía no existían ni el Colón, ni el Palacio de Tribunales, ni el Colegio Roca–. En ese lugar sucede la primera insurrección importante, el primer gran acto de violencia cívica, después de la batalla de Caseros, que es la Revolución de 1890, muy sangrienta, durante la cual se combatió en las calles a lo largo de tres o cuatro días. Se divide el ejército, la armada sitia Buenos Aires y está a favor de la revolución, y hay cívicos armados en las huestes de Alem y del joven Hipólito Yrigoyen, su sobrino. Alem es hijo de un mazorquero, y asiste al ahorcamiento de su padre en la plaza pública: hay una cierta afiliación ahí, basada en la tragedia y el oscuro estigma familiar. Y si queremos, podemos aplicar allí el concepto de genealogía, puesto que hay una familia que hunde sus raíces en los años del rosismo. Yrigoyen no será exactamente eso, pero tendrá una cierta simpatía hacia el rosismo. La idea de la Revolución del 90 no es pues la de la clase trabajadora. Es una escena que se construye en relación al modo en que el Estado se corroe, se corrompe, y esa es la afiliación última de la idea del yrigoyenismo, que pasa de distintas maneras al posterior Partido Radical. Pero digo esto, no para hacer la historia del radicalismo, sino para que se entienda hasta que punto la lógica de la producción del sindicalismo y de la clase trabajadora no están presentes ahí. Sin embargo, el radicalismo Yrigoyenista desarrolló ciertos estilos de negociación importantes con el movimiento obrero, en su mayoría integrado por Anarcosindicalistas influenciados por el teórico francés **Sorel 13** , definidos como un movimiento Sorelista. George Sorel fue el importante teórico de la violencia que se dio en Francia durante el pasaje del siglo XIX al XX. De todos modos, también estuvo presente la influencia de uno de los primeros marxistas argentinos, Germán Ave Lallemant, un naturalista y agrimensor de origen alemán, lejano discípulo de von Humboldt, abocado al estudio del suelo, de los sistemas de riego y la producción agrícola, que promociona un marxismo capaz de entender a las burguesías medias revolucionarias, recomendando alianzas al estilo de los "frentes únicos antioligárquicos", y sirve de base a los cívicos radicales que marchan a la revolución del 90. El peronismo posterior, por eso, valoró mucho a Ave Lallemant, quizás más de lo que lo hizo el Partido Comunista Argentino.

Yrigoyen desarrollará ciertos estilos de negociación con el movimiento anarquista. El movimiento Anarquista pertenece a una gran cultura social y política de la Argentina, solo comparable a la que después, con estilos y connotaciones diferentes, fue el peronismo. Son las dos grandes culturas obreras del país. El anarquismo tiene dos periódicos, *La Protesta*, que sigue saliendo hasta hoy, y *La batalla*, con grandes teóricos, militantes vinculados al movimiento internacional –Malatesta y otros–. Aún en 1929, cuando **Roberto Arlt 14** publica *Los siete locos*, el movimiento anarquista se presenta como ensoñación, como grandioso delirio, y trastocamiento de las conciencias a favor de una gran utopía formuladora de lo humano mismo. Y aparecen *Los siete locos* como algo que recorre toda la especulación de esa gran sociedad revulsiva y conspiradora representada en la obra. El propio Di Giovanni, que era un anarquista armado, expropiador –como lo llama Osvaldo Bayer–, aparece también señalado y mencionado por su nombre en ese libro. *Los siete locos* sale de ese mundo del movimiento social y político de los anarquistas, cercano a los alquimistas, los nigromantes, los manosantas, los conspiradores. Porque el anarquismo es una cultura obrera milenaria, premarxista, que proviene de grandes utopías repentistas de transformación.

Yrigoyen siente cierta atracción hacia ese movimiento anarquista concebido así, porque también es una estructura moral, no es una estructura racional-industrial. Es moral, de transformación. Ni el anarquismo, ni el yrigoyenismo provienen de la estructura racional-industrial de la fábrica, de la burocracia fabril, de la cadena de órdenes, del trabajo serial, de la producción de mercancías, no provienen de ahí. Se puede señalar de este modo su importancia hasta hoy. La **FORA 15** –Federación Obrera Regional Argentina–, una organización anarquista, concibe al país como una región del planeta, de la humanidad, del espíritu, no como nación. Y en esta región de la conciencia de la humanidad llamada Argentina, actúa el movimiento anarquista, que es un movimiento de redención. La idea Marxista de la historia no es de redención, es una idea de justicia a través del desarrollo de las fuerzas productivas y de su crítica. Es una idea dialéctica. La idea de redención hace, de algún modo, parecidos a Yrigoyenistas y Anarquistas, siendo la desdicha de los primero el haber sido tan débiles e irresponsables como para no impedir las grandes represiones de la época. Por eso es tan compleja la historia política argentina. No es fácil adentrarse en esa historia, puesto que tiene estos términos tan paradojales.

En 1919, surge la necesidad del Gobierno de hacer una negociación y la FORA se divide en torno a eso. Hay dos FORA, la del quinto congreso y la del noveno. Esta última tiene un rasgo de realismo político, si pudiéramos llamarlo así. Consiste en admitir que en el gobierno Yrigoyenista no está la vieja clase oligárquica, que es un gobierno problemático, que no domina al ejército, que se muestra débil frente a la represión, a la cual no sabe controlar y a la que incluso alimenta en algunas de sus filas. Sin embargo, la FORA del noveno congreso hace una distinción entre el gobierno burgués débil y lo que hubiera sido un gobierno de la oligarquía. Es un gobierno surgido del voto popular, que fue lo que motivó las insurrecciones de los Radicales en 1890, 1893 y en 1905, todas muy sangrientas, y que obligan a Alfonsín, cuando critica la violencia armada de los años 70, a tener que justificar la violencia armada del yrigoyenismo, que si no fue una violencia como era la de los años 70 con organizaciones insurreccionales clandestinas, sí encaró actos de violencia, con ocupación de comisarías, nudos ferroviarios y demás. De modo tal que Alfonsín, en el famoso discurso que ustedes recordarán, dice que no es lo mismo la violencia de los ciudadanos armados para establecer la democracia que la violencia insurreccional de los años 70 que quería derrocar al Estado. Aunque para contar de verdad la historia argentina habría que tener más complacencia hacia los años 70, y si uno condena la violencia, no pensar que la de la insurrección radical estaba exactamente dentro de los términos de una violencia legítima; esto es algo que no deberíamos dejar de considerar si fuéramos justos con todo tipo de violencia. Ésta siempre se encuentra en el borde de la ilegitimidad para el Estado y de la legitimidad para la autoconciencia del revolucionario. Lo cierto es que, por una razón u otra, la FORA del noveno congreso, que ya son grandes sindicatos, a diferencia de la del quinto congreso que declara el comunismo anárquico, presenta su interés por cierta legislación social. No en vano había estado el proyecto de ley de Joaquín V. González, que es del roquismo, de la

Belle Epoque <u>16</u> , de los grandes varones que intentaban un país
de la aristocracia basado en el comercio exterior de granos, un país
agroexportador, y que, sin embargo, tenían cierta lucidez social y
empeño en promover las artes bajo modelos universalistas
europeos. **Pellegrini**, si hubiera estado en Europa, hubiera sido un
político socialdemócrata alemán conservador. Un señor al que
además le gustaba el turf, entonces entretenimiento de origen
británico, de grandes señores; de ahí el premio Carlos Pellegrini.
Representaba la oligarquía y aristocracia argentina con ciertos
atisbos de progresismo.

En 1919, la FORA del noveno congreso le encomienda a **José
Ingenieros** una mediación con Yrigoyen, y de ahí surge una
interesante minuta de Ingenieros. La negociación fracasa, pero
Yrigoyen nombra entonces a dos comisionados del partido radical y
éstos lo interesan a Ingenieros para realizar una mediación con el
movimiento obrero. Es la primera gran mediación entre el Estado y
el movimiento obrero argentino. Se parece al gesto que tiene la
oligarquía argentina, el gesto de los gobiernos de esta oligarquía
terrateniente que provenía de las campañas al desierto, de generar
una ley del trabajo hasta cierto punto amistosa con el movimiento
sindical. Es decir, una ley no represiva del trabajo como era la de
Joaquín V. González. Ingenieros acepta la mediación, y es posible
preguntarnos por qué lo elige a él el gobierno radical, y por qué el
partido Socialista titubea o tiene vacilaciones respecto a su elección.
Porque Ingenieros también es un intelectual cuyo origen es
inmigratorio; su apellido es siciliano, y lo trasmuta para adaptarlo a
la grafía y la pronunciación argentinas, es decir, cambia su nombre.
Se convertirá en un importante intelectual vinculado a las fuerzas
socialistas y, al mismo tiempo, vinculado a cierto atisbo de una
comprensión de que tienen que tratar con el Estado, de alguna
manera, la famosa "cuestión social". Su origen lo encontramos en
cierto comunismo anarquista al que adscribió de joven, cuando, al
promediar los veinte años, fundó junto a **Lugones** el gran diario
argentino llamado *La Montaña*, del que salen muy pocos números,
y que es un diario de gran modernidad, de gran interés. Un diario

que sale en 1897, simultáneo a la aparición de *La Vanguardia*, del socialismo, y a *El Obrero*, del intelectual de origen alemán Germán Avé Lallemant. Son los primeros tres diarios vinculados a los movimientos sociales en Argentina. En el diario de Lugones e Ingenieros, cuando Lugones –quien tiene una vida muy compleja porque atraviesa todos los extremos– era socialista anárquico, también era modernista. Ambos eran jóvenes simbolistas, les interesaba la transmutación de las almas; era un socialismo muy moderno; también tenían interés por la fuerza social y por las fuerzas remotas del espíritu. Hay que considerar que, en la Argentina, los procesos de modernidad, en las izquierdas en general, estuvieron asociados no a una postura socialista antialcoholista, no vanguardista, antitabaquista, que era la de **Juan B. Justo 17** , sino que estuvieron asociados a la bohemia, a la vanguardia, a formas estéticas muy evolucionadas, muy arriesgadas, y que hacían la apología del sonambulismo, con Rubén Darío, la apología de la transmigración de las almas, y formaban parte de experiencias decadentistas, como eran las vanguardias europeas de la época. El socialismo tuvo estas dos vertientes, una más con **Palacios 18** . Con Ingenieros y Lugones, aparece como un modernismo estetizante y, al mismo tiempo, de definición anarco-socialista. Con Juan B. Justo, aparece como una teoría del trabajo. Justo traduce *El Capital*; es una de las primeras traducciones al español, si no la primera, sólo precedida por la traducción francesa y rusa. Para Justo había una moral obrera que se parecía mucho a la moralidad pacata, pequeño burguesa. En cambio, para Ingenieros y Lugones, el socialismo tenía que estar vinculado a las artes de la bohemia, al uso de la ciudad como un lugar nebuloso, lleno de experiencias anímicas trastocadas a las formas del éxtasis. Eso los hace interesantes a los dos. Y es una advertencia también para el modo en que las izquierdas se relacionan con los procesos de las vanguardias artísticas. Tanto Ingenieros como Lugones son tomados por el General Roca, que tiene una aguda visión de que debe tomar intelectuales para el gobierno. Ambos aceptan, Lugones será su secretario. Ingenieros, de alguna manera, seguirá vinculado a Roca por mucho tiempo. Aparece el positivismo médico y los conceptos filosóficos de simulación, que son los que desarrolla Ingenieros para dilucidar cómo el Estado debe interpretar las formas de conducta social, por ejemplo, la simulación de la locura para salvarse del servicio militar. En 1913, se establece el servicio militar obligatorio, que es una forma del trabajo, de sustraer proletarios al trabajo y convertirlos a un mundo disciplinario, donde hay una máquina disciplinadora, donde entre el soldado conscripto y el futuro proletario hay muchas razones de intervinculación. Ingenieros tiene una gran fascinación por la personalidad artística teatral, por la simulación como oficio actoral, también en su reverso, haciendo de la simulación un tipo de reflexión al servicio del control del Estado, en el sentido de que éste debe controlar al simulador que quiere burlar el modo en que el Estado incorpora, educa y sirve para el trabajo. El servicio militar obligatorio en Argentina era un espacio donde se producían en serie hombres provenientes de los hijos de la inmigración, y se los educaba con una pedagogía dura y directa, orientada hacia una disciplina que después será la laboral. No deja de ser una cuestión de relación de clase.

Ingenieros, posteriormente, desarrolla un veta latinoamericanista importante cuando descubre intereses latinoamericanos, después de la Revolución de Octubre en Rusia. Como también **Borges**; no hubo nadie que se sintiera indemne frente a lo que provenía de la **Revolución Rusa**. Por lo tanto, Ingenieros piensa, un poco originando lo que se llamó "izquierda nacional" en el país, que la Revolución Rusa era un mensaje para la humanidad y que cada país debía hacer algo parecido, basado en el modo en que se desarrollaba su cultura nacional. No había una forma única revolucionaria en el mundo, sino que cada revolución tenía que adecuarse a los ritmos, necesidades y características culturales de cada nación. Este es el Ingenieros que es interesado por Yrigoyen después de esto, que se relató muy rápidamente, acerca de los avatares de la vida de un hombre tan importante como lo fue Ingenieros en Argentina. Al igual que Lugones, su personalidad atraviesa muchas camadas. Quizás no sea posible pensar la historia argentina con personas unívocas.

Bueno, Ingenieros deja una minuta del fracaso de esa negociación. Él le presenta a Yrigoyen un programa mínimo; ya no estaba exactamente vinculado al partido Socialista, había renunciado, porque era una persona que tenía un ejercicio de la singularidad intelectual que lo hacía escapar del modo en que un partido reclama a sus militantes cierto orden y disciplina. Por eso mismo, siempre sigue vinculado al partido socialista y a *La Vanguardia*, pero no es exactamente un hombre del partido, por eso es elegido, además, para la negociación. Y no deja de generar cierta aprehensión en el partido de Juan B. Justo, que ya tenía distintos problemas, por ejemplo, con Alfredo Palacios, que era el representante de otra vertiente del socialismo en Argentina. Palacios había sido elegido diputado –con el título de primer diputado socialista de América– por los votos genoveses del distrito de La Boca, y gracias a una reforma electoral que había hecho el mitrismo para impedir que gane el candidato de Roca. De modo que es muy compleja esa primera elección del socialista Palacios. Pero este último tiene un rasgo de *dandy*, que también lucha por imponer una cierta forma del honor y una construcción estética. Por eso siempre se vistió como un espadachín desafiante. El dandy es eso, es alguien que desafía al mundo con la imposición de su presencia artística. Es la transfusión del aristócrata en socialista. El dandy basa su verdad no en la ciencia sino en el duelo, esa es su definición. El científico socialista que cree en la razón de la ciencia y en que la ciencia con su desarrollo va a imponer el socialismo, ese es Juan B. Justo. La verdad se defiende con valores científicos, y el partido socialista condena el duelo. Sin embargo, Palacios es un duelista. Hasta los años 60 se bate a duelo. Batirse a duelo es una categoría antiburguesa. Y Palacios acusaba a sus compañeros del partido Socialista de burgueses porque no aceptaban el duelo, de raíces feudales y honoríficas, como forma de verdad. Es decir, la verdad se sostiene a través de la valentía y del coraje. De alguna manera, la idea del coraje criollo y del ocio laboral –conceptos que van juntos– es una idea que Juan B. Justo condena, y a la que Palacios acepta. Esta cuestión que parece menor nunca lo fue en el socialismo. Incluso en la división de los años 60, el Palacios que ve con simpatía la Revolución Cubana tiene que ver con este Palacios dandy que se aparta del partido al que considera un partido pequeñoburgués, mientras que él se considera a sí mismo un aristócrata del socialismo, como se consideran Lugones e Ingenieros en su momento.

Ingenieros elaborará un escrito muy interesante respecto al plan que le presenta a Yrigoyen en la intermediación de la que hablamos. Es un plan de mediación entre el capital y el trabajo. Todo esto preanuncia el **peronismo**, que, como verán, tiene, entre otros, estos antecedentes, que surgen del drama nacional, de contingencias que no estaban inscriptas en la época de la que estamos hablando. Es parte de la historia del trabajo. El fracaso de Ingenieros es notorio, porque la negociación se rompe. Ni los socialistas ni la FORA la aceptan, tampoco los Yrigoyenistas. O sea que Yrigoyen no vuelve a llamarlo y queda su escrito, que es muy interesante, porque Ingenieros dice: "Es necesario pensar el Estado con un cierto equilibrio entre capital y trabajo, pero nunca el capital debe predominar por sobre el trabajo. En caso de que se presente conflicto el Estado debe optar por el trabajo. Por el sujeto obrero, el modo sindical de la política". Y el programa es muy avanzado; se lo podría comparar con el programa de **la Falda** y **Huerta Grande** del peronismo, que son los únicos programas que llaman al control obrero de la producción, algo inimaginable hoy en cualquier lugar del mundo.

El fracaso de Ingenieros es un fracaso cultural importante porque de alguna manera su plan preanunciaba la posibilidad de que el yrigoyenismo tomara ciertas consignas que hubieran hecho adelantar mucho a la historia política argentina, algo así como lo que después intentaría el Estado arbitral durante los años del peronismo, pero con un énfasis mucho más claro hacia la clase trabajadora, de algún modo integrada. Los no integracionistas con respecto al sindicalismo hubieran dicho que eso no era correcto, pero al mismo tiempo, la FORA del noveno congreso tenía cierta expectativa de que el Estado atendiera demandas laborales, impulsara reconocimientos legales, sindicales. Ingenieros explora todo eso y llama a generar un Estado de tipo social que laude permanentemente a favor de la clase obrera en cierto tipo de pacto con las fuerzas del capital, mientras, de manera simultánea, señala grandes reformas culturales, educacionales, sociales. Y señala su inspiración en una figura importante de la **Unión Soviética** de la época, que es el ministro de educación **Lunacharsky** [19]. Esta figura no es del trabajo, proviene del mundo sofisticado de la cultura de izquierda de la Rusia de aquel momento. Un gran intelectual ruso, de características universalistas, no como **Lenin** [20] , que era profundamente ruso. **Trotsky** [21] era universalista. Esto no dice nada, ni bueno ni malo respecto a ninguno. Cosmopolita es Trotsky, nacional es Lenin. Lunacharsky le pide a Lenin que el ejército rojo respete durante la guerra civil contra el ejército blanco del zar, las basílicas bizantinas, la iglesia ortodoxa, y Lenin no acepta ese pensamiento. Para Lenin, la guerra es contemporánea, de clases. Para el ministro bolchevique de educación, era necesario resignar una maniobra militar en nombre de lo que llamaríamos "la protección de la memoria edilicia de la comunidad". Es un ejemplo muy interesante de esta cuestión. Ingenieros entiende esto, y lo traslada al programa que le ofrece a Yrigoyen, de una izquierda social fusionada con el movimiento popular Yrigoyenista, que hubiera cambiado totalmente la historia política argentina. Y dice: "A Lunacharsky hay que fusionarlo con otra figura de la educación argentina, Sarmiento", y esa fusión no deja de ser una fuerte curiosidad en la historia argentina. Pero es la idea de que no hay genealogía del trabajo si no aparece una trama cultural de esta significación, pensando hasta las últimas consecuencias la historia del trabajo como una historia cultural. Este es el programa de Ingenieros que fracasa en 1919.

Intervalo

Aislar el concepto de trabajo no es fácil, arrancarlo de una masa enorme de hechos con los que está relacionado tampoco. Lo que estoy haciendo es una historia del fracaso de una mediación social, aceptando que un sector importante de la izquierda y del sindicalismo revolucionario no la quería, y que otro sector la ve con interés, siempre y cuando pasen a tener una consideración hegemónica los intereses de los productores y trabajadores. En este sentido, la proposición de Ingenieros fue apenas un escrito muy breve, una memoria de su intervención fallida. Deja entrever que esto, en la historia argentina, es un caudal sigiloso de hechos que hoy importa registrar: la Ley de Trabajo, esta intervención de Ingenieros, la influencia por parte de una clase civil no militar. Hubo progresistas, intelectuales que fueron parte del aparato educacional y universitario más concentrado: como es el caso de **Ernesto Quesada**, que es otro gran intelectual argentino de raíz fuertemente conservadora, al mismo tiempo, es el creador de la sociología argentina a comienzos del siglo XX. Su formación es alemana y bismarckiana. **Bismarc**k <u>22</u> influye mucho en Argentina, y tiene una gran relevancia en la historia alemana del siglo XIX; es el unificador de Alemania en tiempos de la guerra con Francia –guerra franco-prusiana de 1881–. Bismarck percibe también la cuestión social. Esta expresión "cuestión social" relativiza la idea de la clase obrera, porque es una *cuestión* de los obreros vistos desde los propietarios del capital y del Estado; son una cuestión y hay que resolverla. ¿Cómo? No con la represión, por lo menos si existe un pacto social. En el caso de Bismarck, es conocido su gran pacto con el máximo representante del socialismo alemán, **Lassalle** <u>23</u> , que es el autor del proyecto constitucional en Alemania, en el cual se inspira no poco la constitución peronista de 1949. La alianza de Lassalle con Bismarck es la alianza del Estado prusiano con un sector importante de la socialdemocracia alemana, en contra de las pequeñas burguesías, a la manera de una alianza de los factores productivos –los propietarios del capital y el trabajo–. Todo esto, con Marx en vida, quien se escandaliza con este pacto de Lassalle, puesto que era un personaje muy estimado por él y por Engels, y perciben que es la esperanza de la clase obrera alemana. Pero Lassalle se dirige a un pacto con Bismarck, es el pacto de fundación de la nación alemana contemporánea.

Ernesto Quesada es un prolífico intelectual, historiador, sociólogo, amigo de **Oswald Spengler 24** , el gran filósofo prusiano de la época, que también percibe oscuramente una fusión entre socialismo y prusianismo. Así como **Max Weber 25** , el gran sociólogo fundador de una corriente importantísima de la sociología del siglo XX, que también, en sus últimos tiempos –derrotada Alemania en la guerra de 1919–, percibe una expectativa favorable, por la fatalidad de los hechos producidos por el desenlace de la guerra, hacia la alianza entre Prusia –el Estado fuerte y arbitral– y el socialismo –la ideología de la clase trabajadora–. Todo eso sucedía sin clases medias y también sin nazismo. De modo que aquí tenemos algo que influye mucho en Argentina en este tipo de intelectual del Estado, como Ernesto Quesada, que es un gran estudioso de los idiomas, del lenguaje como forma de constitución de la vida social. Y es un fuerte antecedente de la idea de un Estado argentino que no pasara por el populismo, y de la idea, también, de establecer un pacto con los sindicatos. Acá no había una social-democracia fuerte. Estaban los anarco-sindicalistas con la influencia de Sorel –como ya mencionamos–, cuyo libro más importante se llama *Reflexiones sobre la violencia*. Es un libro que hace del movimiento obrero un movimiento que se debe basar en un mito. La tradición socialdemócrata es racional, la de Sorel es la tradición de un mito propiciador, que hace que las personas salgan a la lucha, no ya por un valor material, por intereses particularistas, sino por algo que los constituye como seres autónomos y carismáticos. Es el mito de la huelga general, que no es un acontecimiento puntual, específico, que miden los dirigentes obreros según como está la correlación de fuerza, sino que es un mito reconstitutivo de la clase obrera. Sorel tendrá muchísima importancia en el movimiento obrero argentino, se trata de una influencia que es intuicionista, pulsional. Digo esto, porque muchos intelectuales sorelianos después pasan a ser peronistas. El peronismo tiene orígenes insospechados, incluso para los propios peronistas, sus orígenes están en esta discusión, esto es lo que me parece interesante. Hay una historia del trabajo, y el peronismo, cuando se encargue del término "trabajo", fundará ministerios, legislación, cantará una marcha.

Tomamos entonces esta cuestión laboral, del trabajo y del sujeto trabajador, en relación a cómo se articulaban las previsiones de la oligarquía y la clase gobernante, según intentaran políticas abiertas (como la de Joaquín V. González, Quesada, etc.), o más cerradas – éstas dadas cuando no se creía necesario engendrar una participación social amplia, aunque ya lo habían hecho con la Ley Saenz Peña–. Por lo tanto, el nuevo cántico a la participación provenía de la idea de leyes sociales mucho más amplias. Son los planteos que hace el yrigoyenismo, mal quizás, porque los planteos los hacen los intelectuales progresistas de la época. El peronismo no está en el horizonte, pero es el nombre que tendrá que ver con la constitución de la forma del trabajo, del mundo del trabajo y de las organizaciones del trabajo, en el centro mismo de la política argentina. No es fácil saber cuándo irrumpe el peronismo, yo creo que se puede hacer una brevísima crónica del golpe de 1930 donde va a estar exactamente presente el tema del trabajo. En ese golpe, Uriburu tiene el problema de la organización política argentina frente al mundo plebeyo –al que él visualiza como Yrigoyenista–, corrupto. Yrigoyen, que no había podido impedir la represión, no existe como la imagen de un gobernante obrerista, puede ser un gobernante dramático; pero Uriburu y los golpistas de ese año ven que hay una dificultad en Argentina por causa de la democracia partidaria, a la que consideran incapaz de representación social. Y las ideas corporativas, que al amparo del **fascismo** de la época atraviesan la Argentina, llevan a la idea de controlar el trabajo. Un poco antes, en 1919, el gran poeta italiano **D´Annunzio** 26 había tomado la ciudad de **Fiume** después de la guerra –es la ciudad límite de Austria con Italia–, y había declarado una constitución corporativa donde el trabajo era una de las corporaciones, junto a las de los burócratas, los empresarios y los intelectuales. Era una constitución con diez corporaciones, que tiene cierta influencia en Latinoamérica. El gran pensador marxista peruano José Carlos Mariátegui ve con simpatía la constitución fascista de Gabrielle D´Annunzio. Éste después se peleará con Mussolini, pero pertenece a esa rara relación entre mussolinistas, fascistas y marxistas de la época. De algún modo, es la modernidad que tiene esas dos salas, el fascismo y los bolcheviques. En Argentina, esto no tiene el rostro provisorio de un marxista como Mariátegui, sino el de un fascista como el general Uriburu, corporativista, quien intenta una Constitución fallida.

Las memorias del golpe del 30, en el que participa el joven **Juan Domingo Perón**, son muy interesantes, porque está dividido en dos sectores. El fascismo de Uriburu y el de Agustín P. Justo, que es liberal constitucionalista. Perón está entre ambos, y sus memorias de 1930 son un gran escrito, quizás la principal fuente para estudiar ese golpe de Estado, y ahí, en ningún momento, aparece la idea de redimir el trabajo, de una vida popular basada en su centro en el ideal proletario, obrero, etc. El joven Perón no piensa en esos términos, piensa en la organización. El golpe le parece improvisado, impreciso, lo acusa, de manera indirecta, a Uriburu, de ser un mal organizador. Él se siente más cerca, finalmente, de los generales que seguirán su destino junto a Justo, que será el depositario más liberal y constitucionalista de ese golpe, y gobernará el país en los años 30, mediante técnicas de fraude y también con aplicación de economías arbitrales y de regulación estatal. En ningún momento el informe de Perón del 30 toca cuestiones laborales sino que, por el contrario, toca cuestiones de organización, cuestiones orgánicas sobre la vida social en su conjunto y el modo en que el Estado puede satisfacerla y, al mismo tiempo, integrarla y controlarla. Ese es el pensamiento del primer Perón y el del gobierno del posterior Perón del drama de la historia más compleja, donde el orden no está en condiciones de controlar enteramente a sus contrarios. Incluso el Perón de los años 50 llamará al caos. El orden y el caos son la pareja filosófica por excelencia, definiéndose a las personas según acentúen el orden o el caos.

Ese golpe es como un momento de desvío respecto al pensamiento sobre el trabajo, que no lo tiene ni siquiera el joven

Perón, capitán del Ejército, que no ha entrado en ese tema todavía, aunque hay una mediación social que establece en Tucumán entre empresarios y obreros ferroviarios que puede considerarse como un primer pronunciamiento. Entrará más de lleno en ese tema más tarde, cuando aparezca el movimiento de la sociedad argentina, con las migraciones internas hacia Buenos Aires y los focos de industrialización liviana que surgían en la capital; todo lo cual recrudece con la guerra mundial, a partir de 1939. De modo que habrá que esperar todos esos años de la década del 30 para que reaparezca con fuerza toda la cuestión laboral ante pensamientos militares que rondan la idea de revolución para evitar otro tipo de revoluciones. Por otra parte, la **CGT**, que siempre se llamó así, desde que se fundó en los años 30 sobre la base de anarco-sindicalistas se forma en términos de una concepción sindicalista de la nación. No se lo dice claramente, pero ya aparecen los símbolos nacionales, la bandera azul y blanca, etc., y de alguna manera, conviven con la simbología clásica del movimiento obrero universalista: la bandera roja, los emblemas de la Revolución de Octubre. Hay que datar esta idea en la revolución de 1930, no es del 45 ni del peronismo la idea del movimiento obrero curtido en viejas luchas y aceptando de alguna manera la realización de las conquistas sociales en un ámbito nacional que se aprecia. Aparece entonces la bandera azul y blanca y la mención al movimiento obrero nacional por primera vez en la CGT de los años 30, en la sede de la **Unión Ferroviaria** de la Avenida Independencia de Buenos Aires, un edificio magnífico, de estilo **Art déco** 27 . Era el sindicato obrero más importante, proveniente del socialismo, que ya ve —como lo hace Ingenieros— la idea de que hay fuerzas nacionales que no se pueden pasar por encima en nombre de la constitución de la Nación, y a las que es necesario encauzar a través de un Estado que debe ser sensible a las fuerzas sociales. Ese movimiento obrero es el más calificado y pertenece a un tipo anterior a la Unión Obrera Metalúrgica; en el 45 está la Unión Obrera Textil y están los empleados públicos, los telefónicos, y después los gráficos, que son el sindicato más antiguo de Argentina. Es el primer sindicato anarcosindicalista del país, creado en 1870, incluso un poco antes.

Hay que esperar hasta el año 1940, cuando aparece la cuestión laboral en Argentina a través de un libro muy importante que se llama *La nueva Argentina*, de Alejandro Bunge, que es un sociólogo católico que recomienda tener muchos hijos. El primer capítulo del libro se basa en la idea de que las familias que valen la pena tienen diez, quince hijos, y las menciona, aquellas familias que hoy son apellidos conocidos. De modo que ya anuncia que esa gran Argentina tiene una genealogía, que es considerada en términos de familia. Como dirían los filósofos del siglo XX, hay una biopolítica, no hay diferencia entre familia, Estado y sociedad; ese es, de algún modo, el pensamiento conservador argentino. Bunge tiene como discípulo a Figuerola, un estadistógrafo y planificador que será fundamental en la planificación peronista del primer período; lo que es fundamental para el estudio del trabajo, el control del Estado y el movimiento obrero emancipado, es el dilema en que el peronismo se debate, en el año 1945, entre la autonomía y la mengua autonómica, en relación a la fundación del partido laborista que apoya, en un primer momento, a Perón para las elecciones del año siguiente.

Estamos ya en la antesala de peronismo, incluso el término "nueva Argentina" será tomado por el movimiento. ***La Nueva Argentina*** es una obra basada en estadísticas nacionales y que, de algún modo, en 1940, se puede decir que es el más importante antecedente para fundar el Departamento Nacional de Estadísticas, sin las cuales no hay control o medición del trabajo, o estudios sobre la retribución del trabajo. Es el inicio del INDEC, que no se llamaba así en ese momento. Ese libro que mencionamos es pionero en la idea de que el trabajo y las estadísticas van juntas. El ayudante estadístico se llamaba, ya lo dijimos, Figuerola, que era un catalán. Tenía una cierta influencia de los partidos españoles de los años 20 vinculados a **Primo de Rivera** 28 , y era autor de una consigna que muchos han escuchado: "Por un país socialmente justo, económicamente libre y políticamente soberano". Esa consigna viene de ahí, y la adopta muy rápidamente el peronismo. Figuerola será el ministro de planificación de los primeros tiempos de Perón, y permanecerá en ese cargo durante todo el primer período.

Si tenemos en cuenta esta historia –que se puede contar mucho mejor–, por primera vez aparece vinculada a una clase militar, o a la preocupación de los militares por una revolución que tenía que conjurarse y contenerse, pero que también tenía que contar con algo que tendiese a tener aspectos revolucionarios de otro tipo, no asociados con políticas conservadoras. Por lo tanto, había que tomar el tema del trabajo. Es como si la Ley de Joaquín V. González que habían hecho políticos civiles de la oligarquía pasara al dominio de un nuevo pensamiento militar. Ese pensamiento venía de la gran revolución de la concepción militar del siglo XX, que había tenido lugar en la Alemania Nazi, aunque entre nosotros no se la toma con ese énfasis. Pero la adopción de la idea de "movilización industrial" introduce hasta hoy un gran debate. Cuando digo esto hay que advertir que se debe tener en cuenta que lo que hasta el momento habíamos visto era la idea bismarckiana, la idea prusiana de la política, en la cual el Estado mayor del ejército ve con interés la organización del trabajo, siempre y cuando no saque al Estado; entonces el Estado reconoce derechos. No hay que confundir a Bismarck con los Nazis, son corrientes muy diferentes. Este bismarckismo hace su cosecha en la Argentina y al mismo tiempo promueve el pensamiento de índole militar, ya vinculado al mercado interno. La doctrina de la guerra de la época necesita el mercado interno y la industrialización, y en los años 40, por primera vez en la Argentina, aparecen, para ser pensados en común, la industrialización, la lógica laboral, el sindicalismo y los militares, que son un factor de promoción interna de industrialización. Esto es importante y tiene una historia en el nazismo, y otra en el bismarckismo. Influye poco en Argentina porque los hombres del peronismo y el propio Perón no leen a estos teóricos nazis, como Jünger. Ahora voy a decir quiénes son y, si podemos, en qué se diferencian de los teóricos prusianos de la alianza entre Lassalle y Bismarck. Lassalle también se bate en muchas ocasiones a duelo.

En el socialismo hay una gran corriente de duelistas. No es un chiste el duelo. Cuando uno se siente ofendido en la calle puede ir a un juez, por ejemplo, si le pisan el pie al bajar del colectivo, o llevarse la dificultad a su casa y descargarse en el hogar, o puede retar a duelo, pero esto sería ridículo. En la era de los medios de comunicación es ridículo retar a duelo. Si hubiera duelo tendríamos miles y miles de muertos por las injurias que ocurren en el aparato comunicacional argentino todos los días. Imagínense si cada pelea de vedettes terminara en un duelo, nos quedaríamos sin vedettes. Lassalle era un duelista, y Marx lo lamentaba mucho. Tenían diferencias importantes para juzgar el arte dramático también. Lassalle prefería el arte dramático alemán, Marx el arte dramático inglés. Marx es un gran lector de Shakespeare, y toma sus metáforas empleándolas en *El Capital*. Lassalle muere por un duelo con el esposo de su amante, justamente. A Marx no le gustaban los coqueteos de Lassalle con Bismarck, que era un militar. Y Marx escribe una carta sobrecogedora: era el destino del socialismo alemán en manos de un duelista que moría en un duelo por faldas, así lo dice Marx. Eso revela que la vida cotidiana, y esa dimensión que Marx no atendió adecuadamente porque es oscura su vida amorosa, efectivamente golpeaba las puertas del socialismo.

Los grandes teóricos del nazismo, como **Carl Schmitt 29** , asocian la idea del soldado a las del trabajador. En 1930, un gran escritor alemán nazi, **Ernest Jünger 30** , que admiraba mucho a Borges, escribe *El trabajador* y *La movilización total*, son libros que el peronismo no lee. Y ahí está la asociación entre el trabajo y el ejército. En Argentina no ocurrió así, el peronismo intenta hacerlo lateralmente, porque el servicio militar del Teniente Richieri, en 1903 –contemporáneo a la Ley de Trabajo fallida–, que es un disciplinamiento de orden fabril en la pedagogía militar, produce soldados y proletarios al mismo tiempo. Es una fábrica de disciplinas. En el nazismo, esta idea aparece bajo el cuño de una fuerza artística, el soldado es el trabajador y ve la guerra como un producto del arte. Es la tan criticada estetización de la guerra del nazismo, que tantos filósofos del siglo XX han criticado. Estos temas son muy interesantes, y nada nos exime de tener que condenarlos, como tampoco nos exime de tener que conocerlos.

Cuando a veces se hace al peronismo muy comprometido con esta tendencia, quiere decir que efectivamente la tiene. La influencia de estas obras no es tanta, estos libros no habían llegado a Buenos Aires, es difícil saber qué hubiera pasado si hubieran sido leídos de ese modo, porque el peronismo lee a **Clausewitz <u>31</u>**, que es un teórico de la guerra de mediados del siglo XIX. Es contemporáneo de Hegel, y de hecho, su pensamiento es muy parecido. Lenin leía a los dos porque los veía muy parecidos. Y tanto él, como Perón, se inspiran en Clausewitz. Recuerden, la guerra es la continuación de la política por otros medios, es una teoría de la voluntad humana y del azar, la contingencia, el encuentro nocturno. Es un formidable libro el de Clausewitz, se llama ***De la guerra***, y es el libro fundante del peronismo. Así como el krausismo funda el yrigoyenismo, Clausewitz funda el peronismo. Ahí no está la idea de que el trabajador es el sujeto central de la guerra porque el trabajador es la industria, y ésta, la guerra: el automóvil es un tanque, la fábrica de cañones después es una fábrica de cosméticos, de desodorantes, etc.; la idea fabril es la idea del mundo civil bajo la forma de la idea de la guerra. Internet es el mundo de la guerra electrónica y el mundo de las comunicaciones civiles. Ese doble aleteo de que el mundo en guerra reproduce vida cotidiana, por un lado, y produce muerte, por otro, es un poco lo que guía la lógica de la filosofía contemporánea. El peronismo respira ese aire. Y al mismo tiempo, desvía al nazismo, y hay una fuerte influencia prusiana, y también escucha –como lo hacen los positivistas, y Perón tenía una gran influencia de esta corriente– al movimiento Socialista, a condición de que el mundo sindical acepte esta forma de contrato social que es la organización sindical vinculada al Estado, y de que, al mismo tiempo, exista una atención del Estado dirigida a las reivindicaciones sociales, condiciones de trabajo, salarios, etc.

Si fuera sólo eso, el peronismo hubiera tenido poco interés, porque sería una alquimia, una prefiguración de alguien que astutamente hace este proyecto para –como muchas veces dijo

el Perón astuto– "entregar unos anillos para no perder los dedos". Lo que sí fue –como el yrigoyenismo también, con el que no sé si hay una sucesión o continuidad, quizás en algunos aspectos sí–, un drama de miles y miles de hombres y mujeres que han militado, sostenido esas ideas fuera del gobierno, ya en el exilio, ya en la clandestinidad que dio origen a fuertes expresiones de la vida política, es parte de la historia de los militantes argentinos, de **Mariano Moreno** y **Esteban Echeverría** en adelante. Más allá de que las circunstancias sean tan diferentes, son militancias que no son proyectos de capturas de algo, como pudiera habérsele atribuido al peronismo, pero lo que sucede es que, finalmente, cuando se llena de vida esa militancia, se superan las previsiones de sus propios fundadores. Perón lo entendió bien y cambió de rumbo muchas veces en virtud de que había algo multitudinario e imprevisible.

Volviendo al libro de 1940, *La nueva Argentina*, **Figuerola** [32] es el gran organizador del Estado de Perón, es el gran planificador. La idea de que haya un plan es porque debe haber control del trabajo y atención a las reivindicaciones laborales. Por eso el peronismo, durante el gobierno, tiene un rasgo muy característico, que es que debilita el derecho de huelga, porque ya cree haber llegado a una sociedad donde el trabajo ha adquirido su forma de redención, su forma reivindicativa básica. Esto es: atención de las necesidades laborales y un reparto de la renta interna que Perón llamaba "50 y 50" –que era la proyección de la renta del producto bruto interno otorgada a los trabajadores; la mitad respecto de la que recibía el capital–. Todo ello suponía mucha obra social, muchos beneficios sociales, un Estado de bienestar, una percepción del ingreso capaz de reanimar el mercado interno; y también, una alianza con la central de los empresarios, y al Estado con su líder, actuando de gran definidor, árbitro y gestor de la comunidad organizada. La Constitución del 49 se debe a un pensamiento jurídico de gran envergadura, como es el de **Arturo Sampay** [33] , uno de los grandes juristas argentinos. Es el Alberdi del peronismo; no es fácil definir qué clase de jurista es Alberdi, pero tiene magníficas intuiciones jurídicas y una incapacidad notoria para pensar el contexto nacional, y por eso mismo, tiene una idea universalista muy interesante. Es de Alberdi el concepto de pueblo-mundo, la Argentina es un pueblo en el mundo –hoy sería poco interesante ese concepto–. Sampay imagina los derechos sociales, del trabajador, de la ancianidad, el derecho del Estado a explorar los subsuelos. El artículo 40 famoso de la Constitución establece el control del subsuelo argentino por parte del Estado –que si hoy se aplicara, haría desaparecer la estructura política, ya que desaparece el control por parte de las provincias, y habría una política energética, de transporte, comunicacional y extractiva totalmente distinta–. La tierra entendida como energía controlada por el Estado es un aspecto absolutamente progresista, evolucionado y de gran consecuencia social. No está el derecho de huelga, y uno diría: ¿cómo puede ser esto en el peronismo? Es que se percibe –no es partidario del fin de la historia el peronismo–, en el ambiente de aquello años –las marchas que se cantaban, las actividades en la plaza pública, el año del libertador General San Martín, la propia figura de Perón, la relación con Evita, la propia ideología oficial, la construcción de las casitas que parecían de la campiña inglesa, destilando un ideal de felicidad social que tenía algo de jacobinismo reprimido–, un jacobinismo triunfante que se había hecho conservador. Esa idea de comunión organizada estallaría en un corto tiempo, aunque explica por qué el peronismo pensó que no era necesaria la huelga. La famosa huelga que hacen los socialistas en 1951, la huelga ferroviaria, con un sindicato muy poderoso –similar al poder que hoy ejerce el de los camioneros que controlan el transporte terrestre nacional–, espantó al peronismo. ¿Cómo una huelga a Perón? Ese momento hay que pensarlo también, porque no estaba en condiciones de pensar una huelga. Muchos sorelianos pensaron, con la idea del mito de la huelga general, que iba a hacer otra sociedad. Sorel ejemplificaba las fuerzas proletarias en huelga con el ejército de Napoleón. Era una energía desatada que refundaba la nación. Bueno, muchos sorelianos se habían hecho peronistas porque consideraban que había cumplido ya con el deseo de refundar la nación e incorporar internamente el trabajo.

Entonces, siendo así, no era necesario un derecho a huelga, y ese es un grave error. Quien pretenda detener las fuerzas sociales, pensando que no son imprevisibles, que no hay contingencias y azar en la historia, pagará un duro precio. Y el peronismo lo pagó, al suponer que se había definido la historia en un momento único de felicidad. Eso no es posible, es una lección para todo el pueblo argentino. En realidad, el peronismo estaba recorriendo una gran tragedia y no lo había percibido. Por eso, los programas de trabajo posteriores van a ser muy diferentes.

Quiero decir algo muy importante sobre este personaje Figuerola, que no es muy conocido pero es relevante porque fue el organizador del Estado como ayudante de estadísticas de **Alejandro Bunge**. Las estadísticas, su nombre lo dice, son el Estado pensándose a sí mismo en sus recursos productivos, energéticos y humanos –de ahí el drama del **INDEC**, que es muy importante–. En 1955, es preso Figuerola en la cárcel de Las Heras, en la calle Las Heras en Buenos Aires –hoy demolida, donde se hacen los fusilamientos del general Valle y demás– , y ahí escribe un libro que se llama *¡Preso!* Es una obra interesantísima, porque juzga la cárcel como una energía laboral también, una forma de control, de visualización de cada preso, muy anticipador de lo que después serían las filosofías foucaultianas de los años 60. Esto revela hasta qué punto el pensamiento surge de la práctica: el preso fue capaz de escribir la teoría del Estado en la prisión, es decir, de descifrar un Estado vigilante. Es la producción de cuerpos atenazados en la cárcel, la producción de una economía de la vida apresada, interrumpida a través del control atomizado de los sujetos. Es lo mismo que vio Foucault después –quizás con más brillo–, pero la estructura visual homogeneizadora de la cárcel, el famoso sistema panóptico, la mirada del poder, lo percibe Figuerola perfectamente. Lo que revela también que el peronismo estaba tratando todos estos temas del control social, y al mismo tiempo, no percibía que el control social se le podía ir de las manos. En el programa de Huerta Grande y La Falda, dos localidades de Córdoba, el trabajo aparece bajo otra consideración, y surge, por primera vez en Argentina, la expresión "control obrero de la producción". Esta expresión ya estaba en el programa, de características obreras también, que había escrito **León Trotsky** en 1938, poco antes de morir en México. Y llama al control obrero de la producción y se denomina "Programa de transición al socialismo". ¿Qué hace en el peronismo este programa? Eso revela la complejidad de la historia argentina, el hecho de que debemos pensar un minuto por lo menos antes de lanzar un juicio descalificador, aprobatorio, el que sea, ante la complejidad de la vida política argentina. Fueron muchos años para preparar esto, y el engaño de los actores sociales y políticos, de los militantes, no quiere decir que sea menos interesante el proceso que los lleva a engañarse. El hecho de que el peronismo pensó una detención de la historia y pagó un fuerte precio por ello es parecido a cuando el yrigoyenismo sintió que se le escapaba de las manos un pacto social importante, puesto que no iba a ser un gobierno obrero. Era de ciudadanos armados el yrigoyenismo; Yrigoyen era un conspirador armado que fue aprobado por algunos miembros de la oligarquía –como **José María Ramos Mejía** <u>34</u>, que lo llamó el "morfinómano" de la revolución–. Había algo en Yrigoyen amenazando al régimen que lo hacía interesante, había algo en el peronismo como irrupción de masas populares que lo hacía interesante. Al mismo tiempo, todo el sistema político tiende a la tentación del orden, de parar la historia, y se paga un precio fuerte. Ese Estado peronista, en algún momento, tuvo el ensueño de parar la historia, y el Estado Yrigoyenista también, y hubo represión. Y no eran Estados conservadores, al contrario, eran de promoción social.

La dura pedagogía del llano, de la resistencia y demás, y el hecho de que miles y miles de personas escriben en esa identidad y la superan, obligan a cambiar el idioma, a ampliar el lenguaje. Desde el punto de vista de la historia del trabajo, ya en esa Argentina donde los sindicatos eran muy poderosos, donde los jefes de la UOM son de primera magnitud, hay una burocracia muy compleja que viene de esta historia, de la intervención del Estado, de la memoria socialista, anarquista. Un gran libro de los años 60, de **Alberto Belloni**, llamado ***Del anarquismo al peronismo***, dice claro que no es lo mismo, pero, de alguna manera, muchos anarquistas y socialistas se hicieron peronistas. La gran colectora que fue este movimiento se debió a cuestiones específicas; el concepto del trabajo era tomado de muchas maneras, y aunque fuera una manera que podía no gustar a viejos militantes, era una manera de pensarlo más progresivo, más amplio. Son los primeros sindicatos del 45 los que rinden homenaje a los muertos de la Patagonia Trágica. Lo cuenta Belloni en su libro, que van a la Patagonia dirigentes de la UOM y ponen monolitos por los fusilados. O sea, las memorias se conservan, cualquiera sea el nombre que tenga el movimiento social. Por eso hay que tener desprejuicio para juzgarlo, aunque pueda no gustar algún punto.

El programa de Huerta Grande y La Falda, de 1957, propone el control obrero de la producción. En ese momento, las fuerzas de izquierda, específicamente vinculadas al Trotskismo, empiezan a formar parte del comité central confederal de la CGT y, en muchos casos, sostenidas por **Vandor**, que no tenía simpatía por el Trotskismo, pero que, a la vez, tenía una consigna que se parecía a la de aquel. Era un partido obrero basado en sindicatos. Vandor, en su disputa con Perón, necesitaba una teoría de lo que hacía, y la daba el Trotskismo, era la del partido obrero basado en sindicatos. Por lo tanto, era la no vuelta de Perón, quien estaba en Madrid como un viejo exiliado incapaz de pensar la Argentina, y nuevamente, la Argentina de Vandor en pacto con los militares. Éstos, ya no eran los capaces de pensar el mercado interno y la defensa nacional, sino que eran militares burocratizados, corporativos; se produce un fuerte retroceso del país en el pacto militar-sindical del Vandorismo con los militares de **Onganía**. Sin embargo, en todo retroceso hay también un despunte de algo moderno e interesante. Vandor cargaba con estas definiciones de la izquierda más limítrofe de la época: el Trotskismo fue un límite respecto a la crítica del capitalismo, a la burguesía y los partidos obreros vinculados a los comunistas tradicionales. Siempre fue una crítica limítrofe a eso. Y sin embargo, estaba presente ahí, lo que revela hasta qué punto no es un error pensar que en toda contradicción hay muchos planos, muchos vértigos de temporalidad diferente. Muchas frecuencias, muchos ritmos, y hay un punto único que contiene distintos ritmos, distintas ondas del tiempo.

La vida social y política de Argentina es de ese modo, tiene esa característica. Y por esa vía, podríamos imaginar si es posible despojar los nombres de peronismo, antiperonismo, radicalismo, no radicalismo, izquierda, progresismo, racionalismo. Los nombres importan, y si son nombres de personas importan más; son más fugaces, más efímeros, pero importan más. Son los nombres que permiten ubicarse de inmediato, peronismo es inmediato, Populismo menos, porque es más genérico. Proceso social y popular menos, porque es más abstracto. Si lo hacemos un poco más abstracto veríamos en la genealogía del trabajo en la Argentina, desde las primeras leyes que intentó la oligarquía, hasta la intervención militar en la cuestión del trabajo y la incorporación de las memorias de la izquierda al mundo del trabajo, una historia a la que hay que hacer en relación a las mutaciones tecnológicas del trabajo. Y en la mutación tecnológica tenemos un poco el inicio de las luchas sociales y políticas en la Argentina. El trabajo artesanal, las mujeres telefónicas, las vendedoras de las grandes tiendas de la época. ¿Recuerdan la película de Nini Marshall, "Mujeres que trabajan", en 1935? Por primera vez el cine argentino, en blanco y negro, atendía al mundo laboral de empleadas de comercio. Es el comienzo de la irrupción de la mujer en el mundo del trabajo.

Esto presupone una historia de las tecnologías en la Argentina, que es la historia del proceso fabril industrial, de su decadencia –de la incorporación de un sindicato de otra índole, que es el de los camioneros que no tiene un techo, que no son los ferroviarios que de alguna manera fijan la tierra–. Los camiones tienen más movilidad, el territorio tiene una vitalidad propia de carácter diferente a la vía férrea; no es el acero, ya es el combustible de otra índole, es el petróleo, el Mercosur, las fronteras, el trabajo individualista del camionero y, al mismo tiempo, un gremio con múltiples intereses sociales, muy ramificado, con ciertos vestigios propios de procesos empresariales. Todo esto hace muy compleja la cuestión si la queremos pensar desapasionadamente. Pero inmediatamente hago la pregunta, ¿quién quiere pensar desapasionadamente esto? Si no queremos pensar desapasionadamente esto, hay que munirse entonces de mayor sensibilidad histórica para tener la misma pasión que siempre querríamos tener, y al mismo tiempo, hacer que la pasión esté justificada en una respiración amplia de todos los elementos de la historia. Las tecnologías han cambiado enormemente el mundo laboral. Las tecnologías comunicacionales, que tanto tuvieron que ver con el peronismo, que es la radio, no la televisión. La voz de Evita es de radio, Perón habla por radio. La televisión se funda un 17 de octubre de 1954. La primera transmisión es un acto de esa fecha, un año antes de la caída de Perón. Entonces, la tecnología está íntimamente ligada a los movimientos sociales, y cualquier transformación tecnológica origina nuevas modalidades de trabajo, nuevas formas de agrupamiento laboral, nuevas teorías. Las de hoy, teorías del trabajo denominado "inmaterial", vinculado a los medios de comunicación, a la producción serial con trabajo domiciliario. La informatización del trabajo plantea todos problemas nuevos, y las luchas por las comunicaciones en las que está empeñada la Argentina es específica del mundo moderno al que traerá fuertes consecuencias, cualquiera sea el sector que predomine. Habrá una nueva televisión, nuevas formas de control propietario de la televisión, nuevas formas de intervención estatal. Seguramente, si triunfa la Ley de Medios, habrá nuevas posibilidades de que grupos autónomos y sociales intervengan en la construcción de contenidos artísticos.

Todo eso va a cambiar enormemente las formas de trabajo. Las tecnologías audiovisuales van a originar otra clase de trabajador en el país, y la anterior va a subsistir, y las formas combinadas de desarrollo desigual van a tener una fuerte presencia en la vida sindical argentina, que ninguna burocracia va a impedir que se reformule intensamente. Los nuevos movimientos sociales y políticos tendrán que ver con ella. No quizás directamente, el movimiento piquetero tiene que ver con la falta de trabajo, no con el trabajo. Las nuevas formas de sindicalización en los medios de comunicación registran muchas veces atisbos de burocratismo muy grandes. Al mismo tiempo, estamos en el centro de la producción tecnológica moderna. Todos estos temas, el modo en que cambiará el mundo laboral, la CGT, el mundo en que, cualquiera sea la forma en que se desarrolle la fuerte contienda interna de la **CTA** –que es una central sindical novedosa, y que, al mismo tiempo, encuentra un gran tropiezo hoy, pero tiene una gran discusión en Argentina–, también va a intervenir enormemente en algo que, sin duda, va a ser la reforma del mundo laboral en el país. Se trata de estilos sindicales que deben ser absolutamente reformulados. Hoy no es posible pensar en un país más justo si no hay una reformulación del activismo sindical, y nuevas formas de emancipación en relación al movimiento fabril, y en relación a todos los procesos de obtención de recursos de la naturaleza –sobre todo, la cuestión de la minería, que urge resolver con una legislación mucho más moderna, precavida y atenta a la cuestión de la preservación de la naturaleza–, y si no se buscan formas empresariales mucho más adecuadas a las necesidades de un país soberano.

Todas estas son cuestiones laborales, y creo que fue un largo aprendizaje en la genealogía del trabajo, que permite escribirla de un modo que imagino que puede ser este; y con más jalones históricos y capítulos a ser contemplados, sin duda puede ser una historia que, bien contada, tendría la capacidad de intervenir más decisivamente. Había dicho que iba a hablar también de la genealogía del concepto de violencia en Argentina, junto al de trabajo. Propongo hacerlo en la próxima visita, así que por esta noche lo dejamos aquí, y decimos: "Feliz trabajo para todos".

Notas

[1] **Friedrich Wilhelm Nietzsche** (Röcken, cerca de Lützen, 15 de octubre de 1844 - Weimar, 25 de agosto de 1900) fue un filósofo, poeta, músico y

filólogo alemán, considerado uno de los pensadores modernos más influyentes del siglo XIX.

[2] *La genealogía de la moral: Un escrito polémico* (en alemán: Zur Genealogie der Moral: Eine Streitschrift) es una obra del filósofo alemán Friedrich Nietzsche, publicada en 1887. Fue un intento de suplementar y clarificar el punto de vista de su libro anterior, Más allá del bien y del mal.

[3] **Michel Foucault** (Poitiers, 15 de octubre de 1926 - París, 25 de junio de 1984) fue un historiador de las ideas y filósofo francés. Fue profesor en varias universidades francesas y estadounidenses y catedrático de Historia de los sistemas de pensamiento en el Collège de France (1970-1984). Su trabajo ha influido en importantes personalidades de las ciencias sociales y las humanidades.

[4] **Joaquín Víctor González** (Nonogasta –Chilecito, La Rioja–, 6 de marzo de 1863 - Buenos Aires, 21 de diciembre de 1923) fue un prominente político, historiador, educador, masón, filósofo y literato argentino. Gobernador de su provincia y varias veces ministro, fue el fundador de la Universidad de La Plata y del Instituto Superior del Profesorado de Buenos Aires. Fue además miembro de la Real Academia Española y de la Corte Permanente de Arbitraje internacional de La Haya. Falleció siendo Senador de la Nación.

[5] **Juan Bialet Massé** (Mataró –Cataluña, España–, 19 de diciembre de 1846 - Buenos Aires, Argentina, 22 de abril de 1907) fue un médico, abogado, empresario constructor, que residió desde 1873 en Argentina, donde publicaría varias obras sobre medicina, entre otras cosas; además, junto a su socio Félix Funes, construiría un dique en la provincia de Córdoba, que seguiría en servicio hasta 1944.

[6] **Leopoldo Lugones (**Villa de María –Córdoba, Argentina–, 13 de junio de 1874 - San Fernando, Buenos Aires, Argentina, 18 de febrero de 1938) fue un poeta, ensayista, periodista y político argentino.

[7] **Giuseppe Ingegnieri**, más conocido como José Ingenieros (Palermo, Italia, 24 de abril de 1877 - Buenos Aires, Argentina, 31 de octubre de 1925) fue un médico, psiquiatra, psicólogo, farmacéutico, escritor, docente, filósofo y sociólogo ítalo-argentino. Su libro Evolución de las ideas argentinas marcó rumbos en el entendimiento del desarrollo histórico de Argentina como nación. Se destacó por su influencia entre los estudiantes que protagonizaron la Reforma Universitaria de 1918.

[8] **Carlos Octavio Bunge** (Buenos Aires, 1875 - 1918), desarrolló una acción intelectual sociológica muy destacada en Argentina, la cual llegó a extenderse a Iberoamérica. Sus principales obras son *Nuestra América y Principios de psicología individual y social* (1903). Bunge explica, desde el

darwinismo, el comportamiento de las sociedades iberoamericanas ante el proceso de modernización, con el aluvión inmigratorio.

[9] Al cumplirse el centenario de la Revolución de Mayo, muchos intelectuales argentinos se plantearon la revisión de la etapa cumplida y la consideración de las perspectivas de la que se iniciaba. 1910 fue un año de balance y de búsqueda de una real institucionalización del país y de indagación sobre la nacionalidad. Así, junto a los poemas de Rubén Darío y Leopoldo Lugones que cantaban a la Argentina pujante del Centenario, se publicaba *El juicio del siglo*, uno de los ensayos más lúcidos dentro de la historia del género en nuestro país, de Joaquín V. González, quien participó en la fundación de la Universidad de La Plata y en la redacción de la Ley Nacional del Trabajo. Como escritor, González abarcó también un amplio espectro de temas y géneros. *La tradición nacional*, *Mis montañas* y *Fábulas nativas* son ejemplo de su preocupación por los temas argentinos que, en definitiva, articularon la labor de toda su vida.

[10] **Miguel Cané** (Montevideo, 27 de enero de 1851 - Buenos Aires, 5 de septiembre de 1905) fue un escritor y político argentino, una de las plumas más representativas de la literatura argentina de la Generación del 80. Ocupó el cargo de Intendente de la ciudad de Buenos Aires, como así también muchos otros cargos públicos: fue embajador, docente univer itario y director-encargado de varias oficinas públicas.

[11] **Karl Christian Friedrich Krause** (Eisenberg, 6 de mayo de 1781 - Múnich,27 de septiembre de 1832) fue un autor y filósofo alemán. Es principalmente conocido por ser el creador del panenteísmo. Da nombre al krausismo, doctrina acuñada en España, que tanta importancia tuvo eneste país y en Hispanoamérica en el siglo XIX, debido especialmente a su discípulo Francisco Giner de los Ríos.

[12] **Leandro Nicéforo Alem** (Buenos Aires, 11 de marzo de 1842 - Buenos Aires, 1 de julio de 1896) nacido como Leandro Antonio Alén (h), fue un político argentino, fundador de la Unión Cívica Radical, elegido dos veces diputado provincial y dos veces senador nacional. Se confunde como el segundo nombre de Alem (Nicéforo) con la explicación dada por el mismo caudillo a uno de sus allegados: Como firmaba Ln (abreviatura de Leandro) Alem, le preguntaron qué significaba: ¿N? ¡N de nada!, contestaría con su habitual exasperación.

[13] **Georges Eugène Sorel** (2 de noviembre de 1847 - 29 de agosto de 1922) fue un filósofo francés y teórico del sindicalismo revolucionario.

[14] **Roberto Arlt** (Buenos Aires, 2 de abril de 1900 - 26 de julio de 1942) fue un novelista, cuentista, dramaturgo, periodista e inventor argentino.[

]Roberto Arlt se esforzó por crear confusión respecto a la fecha original de su nacimiento encontrándose así en distintas biografías las fechas 2 ó 7 de abril de 1900. Hijo del prusiano Karl Arlt y de la italiana Ekatherine Iostraibitzer, un par de inmigrantes recién llegados al país, su infancia transcurrió en el barrio porteño de Flores. La relación con su padre estuvo signada por un trato severo y poco permisivo. Murió de un ataque cardíaco en Buenos Aires, el 26 de julio de 1942.

[15] **La Federación Obrera Regional Argentina (FORA)** fue una importante federación obrera argentina fundada el 25 de mayo de 1901 con el nombre de Federación Obrera Argentina y denominándose FORA a partir de su cuarto congreso, en agosto de 1904; tuvo una destacada actuación hasta la década de 1930. Originalmente plural, adhirió al "comunismo anárquico"[] entre 1905 y 1915.[] Ese año, la FORA eliminó la adhesión al "comunismo anárquico", lo que llevó a la desafiliación de varios sindicatos anarquistas, creándose dos centrales: la FORA del IX Congreso (sindicalista) y la FORA del V Congreso (anarquista). La FORA del IX Congreso (sindicalista) se autodisolvió en 1922 para formar la Unión Sindical Argentina (USA), que a su vez sería una de las fundadoras de la Confederación General del Trabajo (CGT) en 1930. La FORA del V Congreso (anarquista) fue perdiendo importancia y en la década del 30 prácticamente había desaparecido.

[16] **Belle Époque** (del francés: «Época Bella», con un matiz, además de estético, de pujanza económica y satisfacción social) es una expresión nacida tras la Primera Guerra Mundial para designar el periodo de la historia de Europa comprendido entre la última década del siglo XIX y el estallido de la Gran Guerra de 1914.

[17] **Juan Bautista Justo** (Buenos Aires, Argentina, 28 de junio de 1865 - Los Cardales, Argentina, 8 de enero de 1928) fue un médico, periodista, político, parlamentario y escritor argentino, fundador del Partido Socialista de Argentina que presidió hasta su muerte, del periódico La Vanguardia y de la Cooperativa el Hogar Obrero. Se desempeñó como diputado y senador nacional.

[18] **Alfredo Palacios** nació en Buenos Aires en 1880 (aunque algunos autores dicen que nació en 1878, ya que no hubiera podido ser diputado nacional porque no alcanzaba la edad constitucional de 25 años cuando fue elegido por primera vez). Fue uno de los políticos con mayor influencia en la Argentina del siglo XX junto a Juan Domingo Perón e Hipólito Yrigoyen.

[19] **Anatoli Vasílievich Lunacharski** (Poltava, Ucrania, 11 de noviembrejul./ 23 de noviembre de 1875greg. - Menton, Francia, 26 de

diciembre de 1933) fue un dramaturgo, crítico literario y político comunista ruso.

[20] **Vladímir Ilich Lenin** (Simbirsk, Rusia, 10 de abriljul./ 22 de abril de 1870greg. - Gorki Leninskiye, 21 de enero de 1924), nacido Vladímir Ilich Uliánov y comúnmente conocido como V. I. Lenin, Nikolai Lenin o simplemente Lenin, fue un revolucionario ruso, líder bolchevique, político comunista, principal dirigente de la Revolución de octubre y primer dirigente de la Unión de Repúblicas Socialistas Soviéticas.

[21] **Lev Davídovich Bronstein**, en ucraniano transliterado Bronštein o Bronshtein, más conocido como León Trotsky, nació en Yanovka, Ucrania el 7 de noviembre de 1879 (26 de octubre según el calendario juliano prerrevolucionario) y murió asesinado en Coyoacán, Ciudad de México, el 21 de agosto de 1940. Político y teórico revolucionario soviético, protagonista de la Revolución bolchevique en Rusia en 1917, que dio origen al primer estado obrero del mundo. Negoció la retirada de Rusia de la Primera Guerra Mundial mediante la Paz de Brest-Litovsk. Tuvo a su cargo la creación del ejército rojo que consolidaría definitivamente los logros revolucionarios venciendo a catorce ejércitos extranjeros y a los ejércitos blancos contrarrevolucionarios durante la guerra civil rusa; fue condecorado con la Orden de la Bandera Roja. Posteriormente, se enfrentó política e ideológicamente a José Stalin, liderando la oposición de izquierda, lo que le causó el exilio y posterior asesinato a manos de la OGPU.

[22] **Otto Eduard Leopold von Bismarck-Schönhausen** (Schönhausen, 1 de abril de 1815 - Friedrichsruh, 30 de julio de 1898), conocido como Otto von Bismarck, fue un estadista, burócrata, militar, político, (Ministro y Presidente en el Consejo de Ministros) y prosista alemán, considerado el fundador del Estado alemán moderno. Durante sus últimos años de vida se le apodó el "Canciller de Hierro" por su mano dura al tratar temas encaminados con su país y determinación, que incluía la creación de un sistema de alianzas internacionales que aseguraran la supremacía de Alemania, conocido como el Reich.

[23] **Ferdinand Lassalle** (Breslau, Confederación Germánica –actualmente en Polonia–, 11 de abril de 1825 - Carouge, Suiza; 31 de agosto de 1864) fue un abogado y político socialista alemán. Nacido en el seno de una familia de comerciantes judíos, cursó estudios en Breslau y Berlín. En 1845, en París, conoció el movimiento socialista francés y se afilió a la Liga de los Justos. Durante su participación en la revolución alemana de 1848, por la que fue encarcelado, entabló amistad con Karl Marx. A partir de 1860, colaboró con el movimiento obrero y los sindicatos, y fue uno de los fundadores de la Asociación General de Trabajadores Alemanes en 1863. En 1875, durante el

congreso de Gotha, la Asociación se unió con los marxistas agrupados en el partido Obrero Socialdemócrata para formar el Partido Obrero Socialista de Alemania, que luego pasó a llamarse Partido Socialdemócrata de Alemania.

[24] **Oswald Spengler** (Blankenburg, 29 de mayo de 1880 - Múnich, 8 de mayo de 1936). Filósofo y matemático alemán.

[25] **Maximilian Carl Emil Weber** (Érfurt, 21 de abril de 1864 - Múnich, 14 de junio de 1920) fue un filósofo, economista, jurista, historiador, politólogo y sociólogo alemán, considerado uno de los fundadores del estudio moderno, antipositivista, de la sociología y la administración pública.

[26] **Gabriele D'Annunzio** (Pescara, 12 de marzo de 1863 - Lago de Garda, 1 de marzo de 1938) fue un novelista, poeta y dramaturgo italiano. Entre sus novelas se encuentra El inocente, que Luchino Visconti llevó a la gran pantalla.

[27] El ***Art déco*** fue un movimiento de diseño, popular a partir de 1920 y hasta 1939 (cuya influencia se extiende hasta la década de 1950 en algunos países), que afectó a las artes decorativas tales como arquitectura, diseño interior, y diseño gráfico e industrial, también a las artes visuales tales como la moda, pintura, grabado, escultura, y cinematografía.

[28] **Miguel Primo de Rivera y Orbaneja** (Jerez de la Frontera, 8 de enero de 1870 - París, 16 de marzo de 1930) fue un militar, político y dictador español. Fue segundo marqués de Estella, séptimo de Sobremonte y Grande de España.

[29] **Carl Schmitt** (Plettenberg –Prusia, Alemania–, 1888-1985) Jurista de Estado alemán. Adscrito a la escuela del llamado "realismo político", lo mismo que a la teoría del orden jurídico. Escribió centrado en el conflicto social como objeto de estudio de la ciencia política, y más concretamente la guerra. Su obra atraviesa los avatares políticos de su país y de Europa a lo largo del siglo XX. Militó en el Partido Nazi (Nacionalsocialista de los Trabajadores Alemanes), pero las amenazas de la SS, que le consideraba un advenedizo, le apartaron del primer plano de la vida pública. Como a Maquiavelo, le ha perseguido una reputación legendaria.

[30] **Ernst Jünger** (Heidelberg, Alemania, 29 de marzo de 1895 - Riedlingen, Alemania, 17 de febrero de 1998) fue un escritor, filósofo, novelista e historiador alemán. Hijo del doctor Ernst George Jünger, profesor de química, y Lily Karoline.

[31] **Carl Philipp Gottlieb von Clausewitz** (Burg, ducado de Magdeburgo, 1 de julio de 17801 - Breslau, Silesia, 16 de noviembre de 1831). Militar prusiano, uno de los más influyentes historiadores y teóricos de la ciencia

militar moderna. Es conocido principalmente por su tratado De la guerra, en el que aborda durante ocho volúmenes un análisis sobre los conflictos armados, desde su planteamiento y motivaciones hasta su ejecución, abarcando comentarios sobre táctica, estrategia e incluso filosofía. Sus obras influyeron de forma decisiva en el desarrollo de la ciencia militar occidental, y se enseñan hoy día tanto en la mayoría de las academias militares del mundo como en cursos avanzados de gestión empresarial y márketing.

[32] **José Miguel Francisco Luis Figuerola y Tresols** (Cataluña, España, 1897 - Buenos Aires, Argentina, 1970).

[33] **Arturo Enrique Sampay** (Concordia –Entre Ríos, Argentina–, 1911 - La Plata –Buenos Aires, Argentina–, 14 de febrero de 1977) fue un destacado jurista, constitucionalista y docente argentino, conocido como "padre" de la Constitución Argentina de 1949.

[34] **José María Ramos Mejía** (Buenos Aires, Argentina, 1849 - 1914) fue un médico, escritor y político argentino, hijo del coronel Matías Ramos Mejía y de doña Francisca Madero. En 1873 fundó el Círculo Médico Argentino. En 1880 fue elegido diputado nacional. Entre sus obras se destacan: Estudios de patología nerviosa y mental, La locura en la historia, Las ultitudes argentinas, Los simuladores del talento y Rosas y su tiempo.

Parte II

Me habían pedido que desarrollara el tema de la violencia en Argentina, y cómo se ofrece este tema tan complicado e incómodo a la reflexión política y a la propia existencia del ámbito de la teoría política, que trata justamente de la guerra y la violencia. Pero en la historia argentina hay un tejido interno de violencia muy explícito, aunque quizás todas las naciones se fundan sobre esa espesura o ese conjunto de compromisos en relación a la violencia. La palabra es lo suficientemente ambigua como para que merezca más de una reflexión, y en nuestro espíritu siempre está la condena a la violencia y, al mismo tiempo, si es que podemos postular que sabemos mucho de nosotros mismos, tampoco sabemos muy bien hasta qué punto los focos de violencia o la idea misma de ésta, alojada en nuestra propia vida, tiene su parte en el interés que tenemos en este tema.

¿Cuánto es el conjunto de formas de violencia que puede albergar nuestra vida? Esto no supone proyectarlo necesariamente al mundo colectivo, a las naciones, pero una simple experiencia empírica de lo que son las historias nacionales, evidentemente, nos impide disociarlas absolutamente de la idea de violencia, de guerra, de sangre. Hay frases célebres al respecto: "La violencia es la partera de la historia"; "La política es una continuación de la guerra", o al revés. Todo el siglo XX ha discutido acerca de todos estos conceptos. Hay grandes textos sobre el tema que en muchos casos pertenecen a la gran literatura. Entonces, sería bueno seguir esta noche, en la Facultad Libre, el itinerario que recorre en la Argentina el tema de la violencia, y estos mismos textos, el modo en que llegan hasta nosotros y cómo hoy podríamos interpretarlos.

Hay un hecho fundador de la violencia en la Argentina, un punto fuertemente consensuado en la historiografía nacional, que es el fusilamiento de **Liniers** 35 . Como ustedes saben era un héroe, y entonces el tema específico es el del fusilamiento del héroe, en esa ciudad de Buenos Aires, que tenía cierta vida cultural, donde se había formado un protoejército y donde, en el porvenir de las invasiones inglesas, había un héroe al servicio de la Corona Española, un francés y capitán de navío, marino, que era Liniers. Pasa a la historia argentina como un héroe de las Invasiones Inglesas y como un fusilado. El tema del fusilamiento se prestó a grandes discusiones durante todo un siglo, y no es posible disociar la idea de este fusilamiento fundador de los otros fusilamientos que hubo en el país, ya sea por órdenes explícitas del Estado, u otras implícitas, sigilosas o secretas. El de **Dorrego** 36 , que es muy notorio, y el de los fusilados de 1956 de las filas de peronismo y que origina la secuela posterior del caso **Aramburu**, al cual también vamos a referirnos porque es la historia viva de la Argentina, podríamos decir, relativamente cicatrizada. Pero, ¿cuándo cicatrizan verdaderamente estos hechos? Mejor que decir *cicatrizado*, sería decir que son fuente de reflexión para construir una forma de paz duradera en Argentina, que surja de esa interpretación profunda del país.

La orden del fusilamiento de Liniers la firma la Junta, y sale publicada en *La Gaceta de Buenos Aires*. Es la pluma de **Moreno**, que se reconoce fácilmente. Una pluma exaltada, no es un romántico, no es la era del Romanticismo, casi es un pre-romántico. Escribe como los grandes ensayistas franceses, a los que lee muy rápidamente. No es ensayista, ni profesor, ni académico, es un abogado informado y que tiene una gran potencia en su escritura. Moreno no tuvo tiempo de ser ni unitario ni federal, no es parte de esa polémica tan desgarradora. Al mismo tiempo, también es parte de una polémica que gira en torno a cuánto apostó a relaciones de violencia en la política con la escritura del famoso **Plan de**

operaciones <u>37</u> de 1810, al cual nos vamos a referir. La orden de fusilamiento a Liniers es una reflexión sobre lo necesario de tomar esa decisión, y a su vez, lo doloroso que eso resulta. Esta idea de que a la guerra no se la quiere, pero que es necesaria cuando estén dadas las condiciones para que no sea reemplazada por ningún otro tipo de acción política, acompaña la historia argentina. Esta reflexión llega hasta Rodolfo Walsh, también en los años 70, y pasa por Esteban Echeverría, como vamos a ver ahora. Si alguien usa la violencia, no dirá que quiso hacerlo. Las teorías de la guerra justa no abundan en Argentina. Creo que cualquiera de los partidos políticos en el país tomó las armas alguna vez –el yrigoyenismo, el peronismo, el liberalismo–, no hay ningún grupo político que no haya tomado las armas: aunque no dijeron haberlo hecho gozosamente sino por necesidad última, por *ultima ratio*. Siempre se dijo que se hacía porque era la última razón, algo que no se podía dejar de hacer no existiendo las formas que sustituirían esta última radical forma de la política, que no querríamos para nosotros. Por lo tanto, la guerra es una actividad que se hace a disgusto, sin querer hacerla, con un profundo dolor en el corazón. La gran teoría de la guerra del mundo contemporáneo, que es la de Clausewitz, y que tanto influyó en la Argentina, es una idea que potencialmente siempre existe. Hacemos la guerra con un profundo dolor.

El fusilamiento de Liniers tiene esto en los párrafos que están en *La Gaceta*, "tenemos que tomar esta medida, pero es profundamente dolorosa y absolutamente necesaria". Hay que tener en cuenta que era el héroe, lo no alcanzable por las lógicas políticas más inmediatas de una nación. Sin embargo, el fusilamiento del héroe tiene una característica, un aura estruendosa. Liniers estaba en Córdoba y esperaba los ejércitos del Norte, que si bajaban a esta provincia y enlazaban con el núcleo de la reacción a la Revolución de Mayo que estaba esperando en Córdoba, evidentemente, otro hubiera sido el rumbo de los acontecimientos. ¿Un fusilamiento puede conjurar ese peligro? Los hombres de mayo pensaban que sí; hicieron otros fusilamientos también, de menor cuantía, si es que alguno lo es en cuanto a los personajes involucrados. Los triunfos

en Suipacha y las pequeñas escaramuzas que se dieron en el
Ejército del Norte motivaron algunos fusilamientos de los jefes
españoles.

Ese fusilamiento es el de alguien que había tenido a su favor todas
las honras posibles que una comunidad podía prestarle. Se había
armado en los años en los que fue virrey, no era fácil que un francés
tuviera esta jerarquía, se había escrito con Napoleón, estaba
interesado por los asuntos de Europa, era un personaje interesante.
De algún modo, la elite porteña cierra filas respecto de este hecho
que suena como muy desmesurado, pero en la desmesura aparece
el hecho fundador de la nación. Era un corte radical con el país
anterior, se fusila a un miembro de la elite, que no suele tratarse de
ese modo, y mucho menos si la orden la firman unos muchachos
que no pasaban de veinticinco años. No era un hecho habitual en
estos lugares. Era un desafío tajante, aparecía como necesario
fusilar a Liniers, y eso que era un tema cerrado se levanta
nuevamente cuando otro francés, de fuerte actuación en la política
argentina, llamado Paul Groussac, publica un gran libro histórico,
formidable, denominado *El conde de Buenos Aires, Santiago de
Liniers*. Y levanta el tema, lo cuestiona, y afirma que hubiera sido
posible una revolución sin derramamiento de sangre, sin ese
fusilamiento, y que hubiera dado lugar a otro país, sin tanta
violencia. Ese hecho violento, cree, fue la señal de largada para un
cierto tipo de historia política argentina cargada con el peso fuerte
de las armas.

Este tema parecía anacrónico, aparece al final del siglo XIX, y
Groussac también recuerda los ejércitos que pasaron por la zona de
Cruz Alta donde estaban enterrados los fusilados, ya que no
solamente lo fue Liniers, sino también muchos otros, cuando sólo se
salvó el obispo de Córdoba por su condición. Pero recordarán que la
Revolución de Mayo expropia todos los libros de este obispo, que
son los que fundan la Biblioteca Pública, hoy Biblioteca Nacional. No
eran medidas suaves, eran fusilamientos a la medida napoleónica.
Recuerden el cuadro de Goya, que son los fusilamientos a los
patriotas españoles que combatían a Napoleón. Son las víctimas

que representan la resistencia al invasor extranjero. Pero, ¿qué representaba Liniers? Groussac dice que representaba el candoroso oficial cosmopolita que había venido a estas tierras, hizo su carrera militar y defendió honradamente a su señor, o sea, a la monarquía de los Borbones. En nombre de eso, defendió la plaza de Buenos Aires, como se sabe, y se dispuso a tener lo que hoy llamaríamos una obediencia debida. No merecía el fusilamiento, sí otro tipo de sanción.

Paul Groussac siempre fue bien recibido por la elite porteña, la literatura argentina, se le concedieron todas las honras posibles que puede tener un gran escritor argentino, aunque era extranjero. Sarmiento se había opuesto a que dirigiera la Biblioteca Nacional, pero en realidad tenía grandes acuerdos con la clase política, con el prestigio que tenía su condición de director de conciencia de casi toda la cultura argentina de la época. Pero es el único revés que recibe Groussac de la clase a la que pertenecía, la más conservadora de la historiografía y la literatura argentina, sin quitarle, con esta afirmación, sus valores literarios. Y la respuesta a Groussac en torno a la cuestión Liniers corre por cuenta de una de las personas de su relación, que era el médico y gran escritor argentino, un poco descabellado, José María Ramos Mejía, perteneciente a una familia de la aristocracia argentina, unitaria, y que, al mismo tiempo, tenía algunos de sus miembros que actuaban en la frontera, en contacto con los indios. Ramos Mejía, en su gran libro *Las multitudes argentinas*, que desde el punto de vista científico hoy es irrelevante, pero desde la escritura es formidable, le responde en estos términos: Liniers perdió la oportunidad de ser el gran jefe de la revolución argentina. De algún modo ese fusilamiento era merecido porque, como los grandes héroes, al nivel de un personaje borgiano, no tenía ninguna otra posibilidad que: ser el feje de la revolución que sobrevendría o ser un traidor. Ese era el esquema de esta discusión que ocurre hacia el año 1890, cuando ya habían pasado muchas cosas en Argentina. Groussac insiste, cuántos ejércitos pasaron por ahí, por Cruz Alta, ¿y esa tumba está olvidada? Pasó Belgrano, después San Martín, y nadie recordó ese episodio oscuro. Nadie quiere recordar el fusilamiento de un héroe. José María Ramos Mejía lo pone en esos términos: la Argentina surgía como nación con el fusilamiento de un héroe; esa ambigüedad que tiene la expresión, esa es la formidable paradoja que de alguna manera acompaña los asuntos nacionales en cuanto a la cuestión de la violencia. Y queda, ya no en el sentido de la violencia que encarnan los ejércitos profesionales. La violencia no es una doctrina explícita de los ejércitos de San Martín, sino que es un modo de hacer la guerra a la manera europea, con los textos europeos, con las academias de la guerra en las que aprende San Martín, no sin ingenio y no sin capacidad de adaptación a los nuevos territorios que no eran la España en la que tuvo que pelear contra las fuerzas napoleónicas. Napoleón es un gran personaje de esta época, tiene una fuerte presencia en su ausencia real en la Argentina. Liniers le escribe a Napoleón, le dice: "He aquí un francés dirigiendo los asuntos de tierras que pertenecen a la corona que Napoleón había ocupado". Éste se interesó en el tema levemente, nunca le importaron los temas de Latinoamérica; manda a un subordinado suyo, sin importancia, a inspeccionar el Río de la Plata: el marqués de Sassenay.

Todos estos temas son muy diferentes en lo que atañe a San Martín y al modo en que se construye un ejército de la manera canónica, que ni siquiera es el de Bolívar, quien tiene una forma militar que no es de características napoleónicas, más imbuida de las características sociales y políticas de las poblaciones donde actúa, y donde la leva de masas de los soldados tiene más que ver con las culturas regionales. Sarmiento lo reconoce en el *Facundo*, curiosamente, hace un gran elogio de Bolívar en esa obra, tomándolo como un militar con poncho americano. En cambio, a San Martín lo respeta, pero no tanto, al igual que Alberdi. Lo toman como un general más a la europea. Curiosamente, Sarmiento toma el viejo tema de los revisionismos históricos del siglo XIX, afirmándose más Bolivarista que Sanmartiniano, por esto mismo de que tiene poncho americano, esa es su indumentaria. Es sabido que a Sarmiento le interesa la indumentaria como el gran símbolo de lo social; después lo negará, porque él mismo dirá que viste uniforme francés en la campaña de **Urquiza** contra **Rosas**. Son las grandes contradicciones de Sarmiento. Pero me interesa en relación a cómo la idea de guerra aparece como algo que se hace por parte de aquellos que no debieron haberla hecho, puesto que estaban preparados para otras tareas, pero que la toman como una necesidad de un momento histórico. Aparece de inmediato el ejemplo de Belgrano. Muchas veces se enuncia de Belgrano que se improvisa general, no así San Martín, que era un joven americano que había nacido en un remoto poblado, y que había sido envidado por sus padres a hacer una carrera militar a Europa; pero Belgrano es un abogado, economista. No es un gran escritor, no como Moreno, no tiene la pluma exaltada. Es un aceptable economista, un estudioso de la economía, lee a los fisiócratas, a Adam Smith –a los economistas que recordó en su discurso de la Rural el señor **Biolcatti**, de forma errónea, que leyó mal–. Sin embargo, se improvisa general. Los momentos tumultuosos de la guerra no las hacen profesionales, y se ve que son guerras que involucran al colectivo social, a la población en su sentido más genérico, cuando personas improvisadas toman los hábitos y los uniformes de la guerra. Este es un tema relevante de la historia argentina que lo vamos a ver ahora mismo en Echeverría, en la resistencia contra Rosas, no se ve tanto en el Rosismo que tiene generales del ejército de la Independencia. Los unitarios también, el caso de **Lavalle** que encabeza la famosa **carga de caballería en Junín**. Sin embargo, hay armas partisanas en el unitarismo, hay partisanos, civiles que toman las armas. Eso a Echeverría le merece una gran reflexión, como se la merece casi un siglo después a Rodolfo Walsh, ¿quiénes son los que toman las armas? Es un viejo tema en las sociedades que, en el siglo XX, tuvo su momento más evidente de expresión dramática en la resistencia francesa.

Quiero decir algo sobre el *Plan de operaciones* de Moreno que es motivo de una polémica de enorme significación entre los historiadores argentinos, porque en principio es un nombre militar, nadie quiere fácilmente algo que se llame "Plan de operaciones".

Los escriben los ejércitos, los gobiernos militares, los insurrectos, pueden ser los gerentes de marketing, que toman mucho de la metáfora de la guerra, la conquista del mercado, etc. Pero el *Plan de operaciones para garantizar la gran obra de nuestra libertad*, ese es su título completo, encierra una lección y un enigma. Esa discusión es en relación a la autoría, porque es un plan militar supuestamente escrito por Moreno, poco antes de viajar con su misión diplomática a Londres, y es un escrito con muchas páginas con una caligrafía que, está comprobado, no es la de Moreno, y que toma alguno de los temas que tienen referencia vivaz de lo que ocurría en la época: el fusilamiento de Liniers, otros fusilamientos, la formación de un ejército, el llamado a las armas, el espionaje, el premio a los patriotas, los premios para comprar conciencias, etc. Buenos Aires, en ese momento, era una ciudad militarizada, uno de los cuarteles centrales era un colegio –el colegio San Carlos, hoy colegio Nacional de Buenos Aires–, no se daban clases. Era el cuartel de regimiento Patricios, ahí se instala Saavedra, de modo que cuando actividades civiles como la educación son suspendidas, la población lo siente, aunque no en cualquier momento la población acepta suspender la lógica educacional. Lo hace cuando hay motivos superiores, de modo que los colegios pasan a ser cuarteles y así la sociedad; como decían los viejos militares prusianos, de los cuales el peronismo tomó no poco, ni una máquina de coser puede estar al margen de la guerra. Así se vivía en Buenos Aires en esa época. El *Plan de operaciones* dice que hay que derramar arroyos de sangre, a los enemigos ni justicia, viejas frases, las utiliza después Perón, las escribe Moreno: "Si los patriotas cometen algún delito no hay ningún problema, perdonarlos, no solicitar la atención pública sobre ese delito, si los enemigos a la menor indicación de un acto de oposición por más irrelevante que sea realmente lo hacen, ni justicia". Ese es el *Plan de operaciones*, pero al mismo tiempo es muy preciso en materia política con cierta referencia histórica. Habla de **Artigas** 38 , de **Rondeau** 39 , de la ocupación del sur de Brasil, qué pasaría con la Isla Martín García. Y al mismo tiempo, es sumamente cruel, absolutamente carente de esta materia impalpable que llamamos ética. Basta decir que "si los otros dicen una cosa pequeña hay fusilamiento, si los nuestros cometen grandes delitos, disimularlos". Es un plan basado en el disimulo, en la astucia, las medallas a quien no las merece, quitarle honras a quienes sí las merecen. Si lo escribió Moreno, es totalmente contradictorio con el Decreto de supresión de honores, que es una magnífica pieza firmada por la Junta, pero escrita sí por Moreno, que propone algo casi imposible, un gobierno sin honores, que no tenga a su disposición mínimas formas de protocolo, un gobierno casi de mecánicas y automatismos republicanos. Todos los privilegios de la vieja clase, Moreno los elimina porque dice que es un gobierno nuevo, que eso, tajantemente, no tiene que ser así. No elimina la carroza del virrey porque dice: "el vulgo comprende por las formas de lo que ve, hasta que no tenga una educación adecuada vamos a seguir usando la carroza del virrey porque va a pensar que tenemos menos poder que los anteriores". Pero apenas se genere la situación indispensable para eliminar también la carroza, se hará. Esa ocasión la ve Moreno en el famoso episodio escolar, que tiene relativos vicios de existencia, es el impedimento de entrar al colegio San Carlos, lugar del cuartel, donde se festejaba la **victoria de Suipacha** <u>40</u> , y donde hay un discurso a favor de Saavedra postulando una monarquía a favor de éste. A ese pobre capitán que hizo el brindis le perdona la vida, el decreto dice, "por esta vez perdonamos, merecería la horca", sin embargo, ordena el destierro, penas muy duras. Pero al mismo tiempo define la honra, el honor, como algo innecesario para el gobierno. Ese es un tema muy profundo, habría que ver si en cualquier gobierno las formas del honor son innecesarias. Es lo más jacobino, lo más drástico que tiene la Revolución de Mayo. El *Plan de Operaciones* es lo contrario: "demos honores falsos a quienes están con nuestra causa, por lo demás, espiemos, escribamos cartas falsas".

Esta pieza, cuando se descubre, en el año 1880, en el archivo de Sevilla, donde actualmente sigue estando, la descubre alguien que estaba interesado en darle estatura jurídica a la construcción del puerto de Buenos Aires, Francisco Madero, uno de los constructores del puerto de Buenos Aires. La construcción de la ciudad-puerto, tan atacada siempre, el lugar donde está el poder económico, financiero, comunicacional de Argentina, y su puerto y andamiaje jurídico, otorga, justo en el archivo de Sevilla, un documento desconocido hasta el momento, que hablaba de la historia de violencia del país, que en gran medida es una disputa por la ciudad-puerto. Antes había vagas referencias al *Plan*, pero no se sabía a ciencia cierta de qué se trataba. Inmediatamente, el documento llega a manos de Mitre, quien rechaza que sea original, pero muchos historiadores, también liberales, como Mitre, afirman que no podía ser sino de Moreno, siempre con la idea de dejar la Revolución de Mayo en un lugar estrictamente vinculado a la violencia justa y necesaria para fundar una nación. No eran personas que gustaban de la violencia, no la aplicaban en ese momento, y si decían que tenía que existir represión era contra el naciente movimiento obrero –que esa es otra cuestión–. Pero para la Revolución de Mayo, la querían así, drástica, radical, incluso con derramamiento de sangre; rara elite política. Mitre percibe claramente que si ese Moreno era autor del Plan de operaciones, ya era un Moreno diferente al que él soñaba, sobre el cual él había escrito. Era un Moreno conspirador, muy audaz y arbitrario. Incluso hay audacias económicas, expropiar las minas del Alto Perú, tomar medidas estatistas, temas de absoluta actualidad. No eran las minas de las provincias que podían hacer cualquier cosa con la minería, tenían que ser las minas de la futura nación. Sobre todo Potosí, que Moreno conocía muy bien: estaba preocupado por esta ciudad y sus condiciones de trabajo. La había recorrido cuando estuvo en Chuquisaca.

El Plan tiene muchos elementos verosímiles y otros inverosímiles. La letra no es de Moreno sino de un verdadero espía de la corte portuguesa que operaba también en Buenos Aires, que pudo o no haberlo copiado de un original hoy desaparecido. De modo que hay tantos elementos a favor como en contra. Fue sometido a estudios científicos, con carbono 14, que da la antigüedad más o menos exacta de un documento, y no da exactamente esa fecha, sino un año después. Es muy posible que también sea, como se hizo tantas veces en la historia, un tipo de operación para desprestigiar una Junta que había empleado medidas de violencia: éstas tan escandalosas, explicitadas; derramar arroyos de sangre y escribirlo era, de algún modo, algo que podría ser desprestigiante. En los años 70, en Argentina, los grupos insurreccionales, los que tenían vocación para leer bajo cuño violento la historia argentina, prefirieron creer que este *Plan* era cierto solo por afinidades electivas, intuición trans-histórica. Yo no estoy afirmando esto mismo, ni que fuera auténtico sin más. Estoy tratando de describir el problema, que es un problema abierto en Argentina. Es el último gran documento que queda sin descifrar en nuestra historia. Muchos grupos políticos, sobre todo los que pertenecían a las vertientes insurreccionales del peronismo, prefirieron creer, y escribieron algunos textos importantes, que este texto era verosímil y legítimo. Y muchos historiadores liberales habían encontrado otros documentos aledaños a éste, donde se decía que "se le encomendará al secretario de la Junta escribir un plan secreto de operaciones, para eso dará parte de enfermo para disimular qué tarea se deberá hacer fuera del fuerte", donde estaba la Junta –el edificio anterior a la Casa Rosada–, una mole gris carente totalmente de atractivo. Un fuerte que daba directamente al río, no como ahora. En este caso, Moreno hubiera sido el primer parte de enfermo falso de la historia. Se le dice que debe alegar una enfermedad para disimular su tarea. Hay muchos elementos a favor o en contra, y más allá de la polémica historiográfica, no sé si alguna vez se podrá demostrar exactamente con verosimilitud y rigor que realmente emane de una autoría precisa, la de un espía que quería perjudicar a otra corte, la de los Braganza en este caso, y también la Corte española, o que verdaderamente emanó de Moreno. En cambio, lo que tenemos son versiones contrapuestas de la historia en torno al problema de la violencia. El presente tiene tanto derecho sobre la historia que, muchas veces, ante lo incierto, nos habilitamos para llenar los huecos con las fantasmagorías del presente; y muchos documentos son inciertos, y Moreno es muy incierto, no se conservan muchos documentos suyos. *La Gaceta de*

Buenos Aires ofrece más garantías, posee un estilo que los filólogos conocen muy bien, que es de Moreno. "Los pueblos compran a precio muy subido la gloria y las armas", esa es una frase que recuerda a los grandes escritores romanos. Escribe como un abogado que tiene la cabeza llena de frases egregias de la historia de la humanidad. No hay otro como Moreno, es un gran escritor argentino, improvisado, un gran periodista.

Esta polémica la considero realmente esencial porque llega hasta hoy. Mitre condenó el ejemplar, lo llamó falso. Groussac también lo llamó así: le interesaba otro Moreno, enérgico pero liberal, no con operaciones sangrientas. El historiador **Norberto Piñero**, que pertenecía al elenco gobernante también, era embajador argentino en Chile, afirma que es un plan verídico. **Ricardo Levene** 41 , el gran historiador liberal de la Academia Nacional de la Historia, lo declara falso. Los nacional-populares, casi todos, lo vieron como verdadero. Scalabrini Ortiz también, por su interés en la nacionalización de los recursos económicos del país, y el plan tiene también ocupación militar de las minas, y estatización de éstas. De modo que, digámoslo así, *papita para el loro*. Cada época interpreta a su favor su tiempo. Las épocas anteriores podrían protestar y decir "yo no fui así, no me reinterpreten de ese modo", sin embargo, muchas épocas quedan dormidas y olvidadas, y tendrían que agradecer al presente que, aunque distorsionándolas, las vuelve a evocar. Galasso, obviamente, se pronuncia por la veracidad del Plan.

Hoy mismo, con los festejos por la Revolución de Mayo, la posición oficial del gobierno es que el *Plan de operaciones* lo escribe Moreno, sin percibirse muy bien las consecuencias de esta afirmación, y poner mala cara si se estableciera alguna duda. Lo digo porque es interesante para el debate, ¿qué significaría si se concluyera que no fue Mariano Moreno el que lo escribió? ¿Quién lo hizo? **Martín Caparros**, que reeditó hace unos años esa pieza fascinante que es el *Plan de operaciones*, lo da como no verdadero. Diego Tatián, al contrario, lo considera verdadero. Varían mucho las posiciones, y aquí no es necesariamente en relación a la posición política que tenga cada uno en el presente, con los derechos que tiene todo el presente para juzgar la historia. Es el último gran enigma documental, prueba fehaciente de que la violencia es un tema nuclear y central en la interpretación del pasado.

Este tema sigue abierto en relación a cómo se forman sociedades nuevas, cómo se fundan Estados nuevos, cuál debe ser la violencia necesaria que pueden, en este caso, recibir las nuevas formas del derecho. Temas no aptos para pacifistas ingenuos, pero sí para aquellos que quieran constituir formas de la paz sólidas, institucionalmente garantizadas, con fuerte respaldo democrático. Entonces, sí es un tema del presente argentino.

Ahora, veamos el tema de Echeverría. Se sabe, es un poeta que está inmerso en un mundo de violencia que al mismo tiempo repudia. Va a Francia, que antes y ahora sigue siendo lugar de concurrencia, de estudio, de prestigio, lugar de las grandes discusiones, y él acepta una fuerte influencia de la cultura francesa. Es un gran lector de los románticos, de hecho él es uno, alguien que ve la historia como el ejercicio de las individualidades fuertes, y que tiene cierto heroísmo cultural, partidario de la fuerte presencia del sueño y las utopías en el razonamiento político. Influido por Mazzini, Leroux y Lamennais, de ellos toma la cuestión de la nación insurgente, la comunidad popular cristiana y el socialismo sansimoniano, después de cinco o seis años en Europa, donde se educa en las doctrinas europeas ya mencionadas, con esos grandes autores –uno de ellos es **Saint-Simon**, que ya había muerto, pero estaban sus–. Uno de ellos influye decisivamente sobre él, es **Pierre Leroux** 42 , un personaje de un fuerte romanticismo social, donde hay masas populares, grandes gestas revolucionarias contra las tiranías; donde la idea de comunidad está fuertemente implantada, y hay cristianismo social, o por lo menos, su protoforma. Echeverría, que no es un cristiano de practicar, de algún modo es un antecedente del **cristianismo social** en Argentina.

Cuando vuelve a Buenos Aires, no quiere la guerra, quiere la literatura, la poética, y quiere orientar, un poco ingenuamente y como muchos intelectuales de la Argentina, a los jefes políticos en términos de ámbitos literarios, poéticos, discursivos. Esta suerte de ingenuidad no es tan así, es una proposición que está presente en todas las formas culturales; basta ver los partidos políticos de hoy, la situación política de hoy, y el repudiado término "intelectual", que es algo cuyo dudoso funcionamiento en el lenguaje del momento siempre está llamando a construir grandes mundos culturales, tan paradójicos como se quiera, que serían los que legitimarían, en última instancia, a cualquier empresa política, incluso la guerra.

Echeverría reúne el grupo que posteriormente será conocido como la **Generación del 37 43** , que no es una generación guerrera, son poetas, escritores, abogados. Hay un famoso abogado al que le faltan tres materias –como Fito Páez, que no se graduó del secundario–. Les faltó recibirse. Escribe el más formidable libro de leyes que existió en Argentina, **Juan Bautista Alberdi**, de veinticinco años. *Fragmento preliminar al estudio del derecho*, es un libro formidable. Son obras que se escriben mirando al gobernante, que era Rosas. Echeverría no tiene un buena opinión sobre Rosas, Alberdi tampoco, pero ese libro coquetea con éste, lo pone como un poder fuerte que tiene que observar: primero, la gran corriente cultural de las leyes que emanan del saber popular –casi serían populistas–, y segundo, el saber popular que emana de formas legítimas de las culturas populares; también debe percibir, en los hombres que gobiernan el país, su legitimidad, y obligarlos a pensar con más calidad el momento histórico. Rosas no lee ese libro, tiene una formación política, es un lector de los juristas europeos de la contrarrevolución, no es alguien carente de lectura, es alguien que sabe muy bien lo que quiere. Cuando va a Europa exiliado, se horroriza por la Comuna de París, emplea la palabra comunismo muy parecida a como hoy se usa con cualquier represor de cualquier país. Rosas tiene muchos atractivos también. Alberdi es muy ingenuo, y el ministro de relaciones exteriores de Rosas, **Felipe Arana**, un hombre muy culto, lee el libro de Alberdi y lo condena. La condena de Alberdi es doble, lo condenan los rosistas, y había hecho un paso adelantado de más en relación al mundo que quería encarnar la Generación del 37, que no es unitaria. Escribe la décima palabra simbólica, que es formidable, una de las diez palabras simbólicas del Dogma Socialista, primera vez que se emplea esa palabra en Argentina de una manera profunda, que dice "abjuración de las anteriores creencias que nos hacen unitarios o federales". El país tiene estos dobles tipos de antecedentes, tanto unitarios como federales, es posible superarlos. Esta atractiva, fascinante y difícil posición que hasta hoy se escucha en Argentina; esos nombres vagan todavía en la superficie política del país. Muchos, en esta época, en los 60, en los 40, el grupo de David Viñas en la revista *Contorno* en los 50, han dicho lo mismo. Cómo abdicar, esa es la palabra de Alberdi, de esta encerrona en la que estaría la Argentina, que, sin embargo, no es tal, porque hay antecedentes de ambos tipos. Por ejemplo, los caminos son antecedentes unitarios, las culturas regionales son federales. Es muy preciso como para definir cuáles son los antecedentes de las costumbres, las culturas, como las obras públicas, los ferrocarriles. Martínez Estrada tiene una frase famosa que es "los ferrocarriles son unitarios". Son elementos de la técnica que deberían ser neutrales, no tendrían que ser denominados así, pero Martínez Estrada manifiesta eso en los años 30, y lo toma de Alberdi, que es el político más amargado que podemos encontrar. Muere en medio de una gran amargura porque su palabra simbólica, la décima, de algún modo no se podía cumplir. Él es un hombre de Urquiza, de Paraná, de la Confederación, el embajador en Europa de Urquiza. Y muere repudiado por los dos sectores. De algún modo la lógica de Alberdi tiene muchos errores y muchos elementos de gran actualidad.

Ahora, se ven incluidos en la guerra. Echeverría, un tiempo después, en 1847, escribe una obra que es uno de los grandes textos de la guerra, se llama ***Ojeada retrospectiva 44*** sobre la Revolución de Mayo, a treinta y siete años de la Revolución de Mayo. Hace la historia de la generación, que es muy conmovedora: "Tal hubiera sido un buen abogado, tal hubiera sido un buen médico". Es un texto muy fundador de esa idea que recorre la historia argentina y que está presente en **Che Guevara** también. La guerra, para el que no es militar profesional, se hace por una suerte de obligación que se puede justificar de muchas maneras, una obligación oscuramente ética, y que, sin embargo, se lamenta al hacerla. Hay muchos militares profesionales que tienen también este atributo. Se ve en muchas frases de Perón, el problema de éste en relación a la guerra lo podríamos definir de otra manera, porque es un profesional del pensamiento canónico y académico sobre la guerra, fundado en Clausewitz.

Echeverría escucha en los pasillos de la Facultad francesa estos pensamientos que se transforman en cierto sentido común, pero al mismo tiempo le agrega una nota humanística de gran significación, porque esa *Ojeada retrospectiva*, uno de los grandes textos de la historia política y literaria argentina, incluso más que *El matadero*, que es anterior, se escribe en medio de un hondo lamento. Echeverría es un abandonado de la historia, no lo quiere nadie, muere solitario en Montevideo antes de la caída de Rosas, porque toda su generación, Alberdi, incluso Sarmiento, son políticos activos. Él no es activo, creía en una poética, su escrito es melancólico, es el tiempo perdido por una generación que creyó necesario empuñar las armas contra Rosas. Pero ese problema quizás importe menos que el hecho de que es un gran texto vinculado justamente a este problema: "marchamos a la guerra, sin saber hacerla, sin calcular las consecuencias, pero definidos por una suerte de mandato trascendente que tampoco podríamos definir muy bien, pero que exigía abandonar lo que queríamos ser, otra cosa". Ese profundo lamento está escrito en la historia argentina, y lo vamos a ver en muchos insurgentes de los años 70, que sintieron esa fuerte condición de ser llamados a algo que muchos podrían reprocharles: qué viste, por qué hiciste esto, cuál es el motivo que te llevó a hacer lo que sabías que no iba a dar ningún resultado. O si lo diera, por qué debemos suponer que los resultados auspiciosos en la historia fueran a venir por esta forma de la lucha armada, derramando sangre. No hay temas más importantes en las sociedades, y aparecen muchas veces en otros tipos de reflexiones. Por suerte, en la Argentina de hoy, está muy apartado este tema de las arduas y difíciles discusiones, pero son discusiones para una reorganización intelectual profunda del país que tiene partidarios a favor y en contra de todo tipo, y eso es interesante. No se está discutiendo sobre esta violencia en el escenario histórico, sí se está discutiendo sobre otro tipo de violencia que es la que se abate sobre los sectores marginados de la sociedad, lugares donde aparecen formas de violencia calificada y delincuencial; y la relación con el aparato de la justicia y la forma política en que esto se discute es un gran problema, que no tiene que ver con lo que venimos exponiendo, aunque, sin dudas, son formas de violencia trágica que generan una congoja muy profunda. Cómo pasar de la congoja profunda que hoy plantean estos problemas de la llamada inseguridad urbana, que es decididamente injusta, de una injusticia que no tiene nombre, porque es más que una injusticia, son hechos no de un horror público que trasladan allí su dilema inmediato, sino de un horror muy particularizado. Al mismo tiempo, el aparato legal y la forma de comportamiento del Estado están retrasados respecto de estas congojas públicas, muchas veces sustituidas por la operación política más directa e inmediata que se quiere hacer en torno a ello.

Para avanzar con algo que es tomar estos textos que piensan la violencia, Echeverría alega que las soluciones políticas del país surgen de las específicas condiciones de éste. ¿Qué tiene que hacer Pierre Leroux en el puerto de Buenos Aires?, dice, quizás contradiciéndose a sí mismo. Todavía no estaba la Casa Rosada. Era su maestro Leroux, un gran descendiente de la Revolución Francesa. No tenía nada que hacer en Buenos Aires, pero al mismo tiempo ve con simpatía la intervención francesa en el Río de la Plata. Las contradicciones de Echeverría son muy interesantes. Muchas militancias políticas del siglo XX sintieron esas contradicciones, no dejaba de latir el inmenso problema de civilización y barbarie en todos estos grandes textos. Pasamos por alto a Sarmiento, que en el *Facundo* también plantea muchos problemas interesantes en relación a su personaje, al que ve como violento, pero como le fascina, origina una posterior polémica con Alberdi que sí vamos a ver. Sarmiento no quiere perder la dimensión impetuosa de la barbarie. La discusión con Alberdi es en relación a la Batalla de Caseros, que también es muy interesante. En esta polémica entre ambos –que estaban en Chile aunque ya había caído Rosas–, Sarmiento defiende la acción cultural como origen de lo político, y Alberdi tiene más en cuenta las fuerzas productivas, subyacentes en la creación de cultura. Luego de caído Rosas, Sarmiento entra al despacho de Rosas cuando éste está abandonando el país, toma su pluma y escribe en su escritorio: "es un gran momento en la historia". Sale de la casa de Rosas, en Palermo, se encuentra con otro de los victoriosos, es un coronel de Urquiza que viste la insignia federal. Sarmiento ahí percibe su situación; Caseros había sido una lucha de federales con federales, de Buenos Aires contra el interior. Sarmiento no es federal de ninguna de las dos maneras, por eso también es fascinante la descripción del Sarmiento militar que es el boletinero del Ejército Grande, y se viste de coronel, describiendo el hecho de los dos victoriosos que entran a la residencia de Rosas, y uno lleva la insignia federal, que también era la insignia del derrotado. Complejidades de la historia argentina.

La polémica sobre Caseros es sobre quién derribó al tirano, cómo cae un tirano, cómo cae un gobernante, un pobre hombre que gobierna un país. La polémica Alberdi la sostiene desde la localidad de Quillota, Chile. No vuelve enseguida, escribiendo las bases para la constitución que le ofrece a un general, a Urquiza, quien no las acepta enteramente. Las bases son muy complejas, hay fundamentaciones que tienen momentos muy cuestionables como el rechazo a las herencias culturales que ya habían sido formativas de la Argentina. Alberdi es muy tajante, es un industrialista heredero de Saint-Simon más de lo que él cree, en el sentido que cree que la cultura surge del industrialismo. La educación de una nación es industrial. Es la otra gran polémica que tiene con Sarmiento. Éste es el colegio nacional, el bachillerato, el perito mercantil, profesiones útiles o no, pero que forman parte del complejo cultural del Estado cuando se lanza a su *paideia*, a su forma educativa. Hace poco escuché a un senador del oficialismo decir que tenemos que tomar la consigna de Alberdi de la educación industrial como hizo el peronismo, que escucha en ese aspecto a Alberdi. Bueno, a mí me parece que esa es una polémica que no se puede resolver tan fácilmente.

Pues bien, Sarmiento dice: "A Rosas lo tiró abajo el periodismo", que era como decir: "a Rosas lo tiré abajo yo". Los que hicieron la ley de medios se perdieron esta polémica. Sarmiento es un periodista, es el gran polemista de la historia, y Alberdi está ahí también. Son varias cartas que se cruzan sobre el *Facundo*, sobre la relación campo-ciudad, formidables discusiones que ya no se tienen más. No podemos discutir por Twitter estas cosas. Alberdi es un sociólogo, lo que llamaríamos hoy un sociólogo, eso es Alberdi, y le dice que está loco, lo trata de loco, lo cual a Sarmiento le gustaba. "¿Usted no se da cuenta que hubo un ejército, donde usted participaba?", un ejército son relaciones sociales, es transformación que surge de la sociedad; los soldados eran profesionales, campesinos, obreros, hay voluntades políticas, formas de la razón que obligan a que el ejército ataque por acá o por allá, es una construcción social, diríamos hoy, construcción complejísima la de un ejército. ¿Cómo lo va a tirar abajo el periodismo? Es una fuerte discusión entre el poder de los símbolos, de la palabra y las armas, capítulo central de *El Quijote*, el dilema entre las letras y las armas. La polémica está en toda la historia, desde La Ilíada en adelante. Sarmiento defiende el periodismo, porque al mismo tiempo es obvio que podría decir que defendía su posición en el futuro que se abría. Imagínense un régimen como el de Rosas, de tantos años, que había instalado una cultura popular poderosísima, que tenía un ejército de veinte mil hombres. Urquiza también, pero gracias a la ayuda de Brasil pudo triunfar, si no, no podría haber armado un ejército como el de Rosas. Esa cultura se desploma de un día a otro, Rosas ni va a su casa, debajo de un árbol escribe la renuncia, hay una gota de sangre en esa carta, y después va a la casa del embajador inglés –es anti-inglés y pro-inglés al mismo tiempo, es muy complejo Rosas–.

Sarmiento insiste en que el periodismo, las ideas, habían tirado abajo a Rosas. Lo dice después Martí: "la única batalla es la de las ideas". No es alocado lo que dice. En la discusión actual de la Argentina se dice "los generales mediáticos", por suerte, hoy se discute a través de los artículos de los diarios, fundando canales de televisión, haciendo programas, diarios. Las trincheras, para hablar en términos militares, están cavadas, pero a través de formulaciones discursivas, movilización de símbolos, refutaciones que obligan al ingenio argumental; podrá no gustar el grado de aspereza que esto tiene, pero estamos en los otros términos de lo que, de otra manera, obligaría a hacer la polémica sobre la forma de la guerra, como desde Echeverría hasta Alberdi.

El otro punto de la polémica importante entre Alberdi y Sarmiento es qué significa el *Facundo*. Alberdi condena de una manera drástica esta obra. "Ese es un libro –dice– que, al condenar la campaña, al condenar al pueblo campesino, al decirle 'barbarie' a lugares donde no está la ciudad, al condenar el derecho de los campesinos a formar parte de la vida política, habla mucho de usted: lo convierte en el verdadero heredero de Quiroga". La primera edición del *Facundo* tiene la foto de Sarmiento vestido de coronel. Ese libro, le dice Alberdi, tendría que llamarse Faustino, porque es su propia historia, "usted es el heredero de Rosas". Son polémicas que no son diferentes a las de hoy. No es verdad que se vivía en un mundo de ángeles, si dos escritores de este tamaño son capaces de combatir de esta manera. Lo que nos importa es que, efectivamente, las formas de la guerra son servidas a través del modo periodístico, que es la continuación de la guerra por otros medios. Las trincheras periodísticas tienen más efectividad que las trincheras militares. Sarmiento ha juntado a las dos ideas, escribe en el ejército de Urquiza, utiliza la imprenta de los hermanos Coni, que eran dos inmigrantes italianos, donde escribe el famoso boletín del ejército Grande. Lo que hace sordamente es combatir al general de ese ejército, a Urquiza. Los tipos móviles que tienen las imprentas de los hermanos Coni –miren cómo cambió el país después de la batalla de Caseros, como dice Tulio Halperín Dongui: "ningún otro país latinoamericano tuvo una batalla de Caseros"– constituyen una de las primeras imprentas de la historia moderna argentina. Es la imprenta que edita el Martín Fierro, con los mismos tipos con los que se imprimen los boletines del ejército de Urquiza. Razones para considerar que los generales periodísticos podían disputarles la parada a los generales militares.

Intervalo

Ahora vamos a hablar de José Hernández, que antes de escribir el Martín Fierro era un gran periodista. Halperín Dongui, en su gran libro sobre este autor, que se llama ***José Hernández y sus mundos***, lo proclama un periodista del montón, y se hace la siguiente pregunta: ¿Cómo pudo un periodista del montón escribir el *Martín Fierro*? Halperín pasa por alto uno de los grandes textos que es ***La vida del Chacho***[45]. El episodio de Chacho Peñaloza conmovió tanto al país como los episodios vinculados al caso Aramburu. Se dirá que tienen distintas características, pero el caso del Chacho Peñaloza era el de un jefe político cuyas ideas no eran fáciles de determinar. Había actuado con los federales y los unitarios en distintos períodos de su vida. Era muy querido por la gente que lo seguía. Su muerte, cortándole la cabeza y poniéndola en una lanza que durante varios días estuvo en la plaza principal del pueblo donde se le dio muerte, donde estaba con su familia, la población de Olta, en La Rioja, origina un escalofrío que recorre todo el país. Era un jefe popular del partido federal en ese momento. Urquiza estaba en Entre Ríos, en su palacete rural, usufructuando de alguna manera su retiro, con fuertes acuerdos con Buenos Aires; ya se había retirado de la batalla de Pavón, que aparentemente tenía ganada, pero en la que había preferido una negociación. Y había volcado toda su pasión política a la modernización, a la iluminación por gas al palacio San José, eso se puede percibir hoy. De modo que la muerte del Chacho Peñaloza pasó a ser la muerte del último jefe del interior, más allá de si era federal o unitario, y el avance definitivo de las fuerzas militares de Buenos Aires que, por otro lado, estaban al mando de generales uruguayos. La orden de asesinar a Chacho emanaba de la gobernación de San Juan, es decir, de Sarmiento, que de algún modo actuaba aquí en nombre del poder de Buenos Aires. Cuando llega la noticia de la muerte de Chacho Peñaloza, José Hernández escribe una óptima pieza que equivale a ***¿Quién mató a Rosendo?***, de **Rodolfo Walsh**; porque el modo en que escribe Hernández sobre el asesinato del Chacho es muy parecido al que utiliza Walsh en su investigación llamada ***Operación masacre*** casi un siglo después. También los mandantes de la muerte del Chacho quieren amortiguar el hecho de que de ellos emanó la orden; los partes de guerra y los actos del Estado que suponían esa orden son encubiertos o cambiadas las fechas, muy parecido al modo en que se comporta el gobierno militar del año 1956, luego del **fusilamiento de José León Suárez**. Recuerden que no estaba vigente el estado de sitio, postdatan la decisión fraguando el documento para que caiga dentro del estado de sitio, así permiten el fusilamiento. La investigación de Walsh se hace dentro del cuadro del Estado liberal, en aquel momento no es un revolucionario vinculado a las grandes ideas de transformación del nacionalismo de izquierda. Es un periodista que pone a los autores de la orden de fusilamiento bajo su propia lógica. Fusilaron desacatando las mismas leyes del Estado liberal, que los condena porque fusilaron fuera del período en que el estado de sitio lo permitía. Por eso la investigación de Walsh tiene los partes de Radio Nacional, minuto por minuto. José Hernández hace lo mismo, el libro es formidable. Supera todo lo que Jorge Lanata piensa cuando habla de investigación periodística. Es un texto que hoy estremece, porque es una acusación a Sarmiento directamente. Le dice dos cosas: "Usted es un bárbaro, es decir, dé vuelta todo lo que escribió contra nosotros y aplíqueselo usted. Es un asesino". Lo dice en párrafos formidables, por eso no es un periodista del montón. Se siente federal Hernández, y condena a los unitarios cuando hacía tiempo que había caído Rosas: "¡Maldito eres partido unitario!", exclama. Y como Urquiza está inactivo en Concepción del Uruguay, es un alegato también contra él. "Contra usted general Urquiza se dirigen estos puñales". Al Urquiza que los pueblos del interior comienzan a condenar por sus acuerdos reales con Brasil y Buenos Aires. También es una alerta contra lo que finalmente pasaría, porque Urquiza es asesinado en los mismos términos en que pronostica José Hernández en ese gran escrito llamado precisamente *La vida del Chacho*.

Ese escrito tiene las dos primeras páginas que lo convierten en el más importante panfleto político de la historia argentina, considerando todas las fuerzas políticas, todos los escritores de panfletos políticos. Es un panfleto que tiene el mismo vértigo del **Yo acuso** de **Émile Zola 46** , que acusa al presidente de Francia de ser inactivo frente al encarcelamiento del **oficial judío Dreyfus** acusado falsamente de espionaje a favor de Alemania. Tiene las mismas vibraciones, es un *yo acuso* frente a la clase política porteña, y especialmente, contra Sarmiento, al que coloca como asesino. "Cuál es el país civilizado, ¡el del interior!, a quién hay que condenar como bárbaro, a Sarmiento", eso es algo que sugiere lo que, muchos años después, muchas fuerzas políticas intentaron respecto a la inversión de la proporción entre civilización y barbarie. El punto extremo de este ejercicio de inversión de la argumentación lo pone en práctica José Hernández, y no aparece exactamente en Martín Fierro. Esta obra es muy compleja, una poesía muy conmovedora, pues conmueve todo lo que poetiza en términos clásicos. El desarraigo, la privación, la pérdida de la referencia, de la familia, el exilio, el pasaje a la frontera, la ruptura a la guitarra, la pérdida de los hijos, el reencuentro, hay un trasfondo social fuertemente desgarrador, para luego ser conciliacionista, en *Martín Fierro*. El lector actual de esta obra no puede ser suficientemente sociólogo de mal gusto que diga que es un libro conservador, como para ignorar la belleza literaria que tiene. Los octosílabos, el montaje de las rimas, la sentenciosidad, la evocación del ambiente edénico, originario, no dejan de ser fuertes apuestas al tratamiento de un lenguaje que no existía de ese modo en los gauchos, pero que, como bien dijo Borges, empezó a existir en los gauchos a partir del Martín Fierro. "Los gauchos hablan como en la payada habla el moreno", es el castellano normal, no como en la construcción tan sutil que hace José Hernández. Pero su rítmica capta un tono de voz de los trasfondos desdichados del existir, de una manera insustituible. Fue senador de la república, llamado el senador Martín Fierro, defensor del trabajo rural pero al mismo tiempo defensor de los estancieros, como él bien lo era. Se desdice del panfleto antisarmientino, pero su poética compleja y ambigua sigue encantando.

José Hernández, durante largo tiempo meditó muy severamente sobre lo que había escrito siendo muy joven, y lo escribió en el periódico *El Argentino*, que dirigía él, en Paraná. Era un hombre de Urquiza, como Alberdi. En este momento, si bien decir Buenos aires, Rosario, Paraná, significa culturalmente decir algo, las posiciones están amortiguadas, se puede hacer ironía sobre el tema, pero en ese momento ser de Paraná era serlo militar y culturalmente. Era tener otra prensa, otra lógica política, pensar en otra capital del país, que era esa ciudad. Basta ver hoy la plaza central de Paraná para percibir que era la capital de la Confederación Argentina, la escuela Normal, positivista, en una esquina, el Obispado, no los recuerdo todos, pero hay vestigios de lo que fue esa capital. El desafío que hace la Paraná de Urquiza en esa época es muy fuerte, y fija las Batallas de Cepeda y de Pavón que han tenido lugar aquí cerca, no muy lejos de Rosario. Bueno, Hernández se va desdiciendo de eso que escribió, sabía que había escrito la condena de Buenos Aires, de Sarmiento y se podría decir que son las cosas que ocurren cuando un político en la televisión le dice traidor al otro, y después tiene que ver el archivo para recordar por qué era traidor. No era tan leve decirle bárbaro a Sarmiento, de modo que poco a poco José Hernández, en el diario en el que después escribe, creo que *La Tribuna de Buenos Aires*, donde Mansilla va publicando por entregas **Una excursión a los indios Ranqueles**, él va publicando *La vida del Chacho* con varias correcciones. Así como Rodolfo Walsh fue agravando la *Operación masacre*, convirtiéndose en una persona cada vez más radicalizada, Hernández hace lo contrario. Suaviza su gran panfleto. Son todas cosas para pensar, de lo que hace el tiempo con la palabra política. José Hernández, siendo tan parecido el punto de partida de Walsh, hace lo contrario, cada vez va matizando mucho más, va convirtiéndose en el senador Martín Fierro, fusionando su personaje de ficción con su tarea política que era la de promoción del trabajo rural y la acumulación de tierras. Donde decía "asesino" pone "el equivocado Sarmiento". Hay un estudio muy interesante de todas las modificaciones progresivas que fue haciendo y que era su conciliación con todos aquellos que había atacado. Cuando Sarmiento es presidente, cambia la situación, y Hernández se va adecuando un poco más, sin haberse reconciliado enteramente con él. Esa es la historia de este gran escrito, al que le sigue otro de Sarmiento justificándose, que se llama **Vida del general Peñaloza**, de modo que también aparece en otra gran polémica, y de algún modo quiere responder de la acusación de ser un asesino. Éste es un escrito también muy importante y muy cuestionable, es un escrito que traza la línea del estado de seguridad nacional, declarando al Chacho asesino y bandolero, y justificando las medidas del Estado en defensa de la seguridad nacional. No dice "yo lo maté", tampoco "había que matarlo", sugiere, como sugirieron las personas de la dictadura militar, que hubo abusos en la interpretación de la orden, pero lo define como criminal y asesino a Peñaloza. Pero eso es al final del libro, al principio, los primeros capítulos, son también un magnífico escrito en relación a la sociología del lugar. La sociología es una ciencia complicada, confusa muchas veces, descarga responsabilidades. Desde el punto de vista del derecho liberal, de la juridicidad, el "todos somos responsables" que muchos generales intentaron después de dos años de oscuridad diluye la culpa. Los códigos liberales hacen de la culpa una autoría que tiene que sostenerse con un señorío que forma parte de la historia de una persona. En el caso de la sociología, hay procesos colectivos, clases sociales, grandes testamentos, movilizaciones que involucran porciones de la población, mentalidades que abarcan a muchas personas que son productos del medio en el que están viviendo.

Esto no quita libertades individuales, pero muchas veces se cree tener más libertades individuales de lo que el mundo social permite. Entonces Sarmiento hace una historia que puede ser hasta cierto punto conmovedora, que es la historia del Chacho Peñaloza en un lugar áspero, agreste de la naturaleza, donde antes hubo tribus de pueblos originarios. Hace una historia que, si jugáramos a la sociología, es muy certera como para suponer que lo que ocurre es algo que se parece a los grandes dictámenes de la vida colectiva, incluso hasta de la naturaleza. Con lo cual, quien firma una orden de asesinato puede considerarse totalmente dispensado, sin mayores responsabilidades ante la historia. "Al final está la naturaleza, la sociedad, las mentalidades de época, no hablo por mí, hablo por intereses colectivos que me superaban, soy un hombre de mi época". Esa justificación sociológica muchas veces se encuentra de una manera anómala con el modo de asumirse las responsabilidades individuales. Pero ese también es otro problema interesante de la historia argentina, que permitió hacer el juicio a las Juntas, y hoy permite juzgar a los militares también en términos de responsabilidades concretas.

Notarán que estoy haciendo una historia de las justificaciones últimas, porque matar no es fácil, nadie quiere ser un asesino, para algunos debe ser fácil, el torturador, el que da la orden burocrática, la banalidad del mal, como dijo Hannah Arendt. Por eso, en algún momento, aparecen justificaciones de guerra justa, en algún momento se escucha a los represores decir "lo teníamos que hacer, si no tal o cual cosa". ¿Qué escuchar de ahí? Primero no negarnos a escuchar, aunque tengamos que seguir decididos a condenar, eso me parece que es interesante. Corresponde lo que a veces se invoca como la calidad política de un país, sin ser aquellos que se niegan a escarbar en lo más profundo de lo que llevó a estas cuestiones. Guerras sucias, guerras limpias, clandestinidad, torturas en las mazmorras, represiones policiales en las ciudades abiertas donde resultan crímenes o muertes voluntarias o no por parte de los represores. Escuchamos también las razones del represor, porque precisamos rebatirlas. Y somos interpelados por la idea de si hay una violencia justa o no.

En ese sentido, quería mencionar el caso de la insurgencia Radical, las de 1890, 1893, 1905 y la de 1933, que es un tema que lleva a una nueva polémica en los 80 con Alfonsín, en relación a los Montoneros y el ERP. Cuando se los menciona, todos quedamos un poco enclavados en nuestra memoria, en la dificultad de tratarlos. Alfonsín toma esta polémica apenas es presidente, entonces, habría que decir primero cómo se configura la insurrección Radical – veamos la de 1933– y a qué otras corresponde en la historia originaria del Partido Radical; que es una historia insurreccional con cierto toque de jacobinismo trascendentalista, como es el caso de Leandro N. Alem. En 1933, se forma un pequeño ejército Radical dirigido por generales radicales, **el general Pomar** es uno. Los radicales, como después los peronistas, tenían muchos miembros prominentes de las Fuerzas Armadas. La familia Pomar era yrigoyenista, muy caracterizada, y recluta civiles armados en cantidades muy grandes, uno de ellos es Arturo Jauretche, que es un joven radical yrigoyenista. En Paso de los Libres convergen las fuerzas de la represión, contra los partisanos que buscan volver a las elecciones libres. Ya el partido Radical antialvearista había empleado las armas. **Los hermanos Kennedy**, que también eran radicales, años antes habían intentado una revolución reprimida fácilmente. Pero acá el general Justo, presidente en ese momento, precisa de la aviación militar, es el primer ataque de la aviación militar contra civiles. Hay muchos muertos, de Paso de los Libres deben cruzar a Uruguayana. De algún modo, es la última insurrección Radical hecha por la vía de las armas contra un gobierno ilegítimo. En ese momento, Justo había sido elegido a través del fraude.

Las insurrecciones radicales, si las rememoramos rápidamente, empiezan con la de 1890, que se parece a un golpe de estado, pero tenía como propósito el sufragio libre y se dirigía contra la corrupción del gobierno de **Juárez Celman**. La ciudad de Buenos Aires es sitiada por la Marina de la Unión Cívica, hay varios cuerpos de ejército del general **Luis María Campos** <u>47</u> que toman la actual Plaza Tribunales –que en ese momento no se llamaba así, todavía no estaba terminado el actual edificio–. Los combates son muy duros, todavía no se había construido el Palacio de Tribunales, ni la Escuela Roca, que está en frente, ni el teatro Colón; era una plaza que tenía un cuartel. Ahí acudieron civiles armados que están dirigidos por Alem e Yrigoyen. Los combates son muy cruentos, como en el anterior, el combate de Los Corrales, que decide la federalización de Buenos Aires; mueren muchos soldados. Acá mueren muchas personas, civiles y militares, porque se avanza por la actual calle Lavalle, por Talcahuano, como en *El Eternauta*, está el combate Talcahuano y Libertad, de Córdoba y Libertad. La ciudadela que toma la Unión Cívica con un fuerte sector militar, y la Armada insurgente de Buenos Aires, que la apoya, son fuerzas que dan combates muy sangrientos. Como saben, Juárez Celman no cae, sino que lo hará tiempo después; el roquismo aprovecha para la sucesión. Después de ese intento, Juárez Celman no puede sostenerse más; poco después se suicida Alem con la famosa frase "que se rompa pero que no se doble", de las más radicales que se haya dicho en Argentina, casi como "seamos libres, lo demás no importa nada", de San Martín. Es una frase de una radicalidad enorme. La Revolución Francesa no fue capaz de decir eso, libertad, pero la libertad importa junto a la fraternidad y la igualdad. El mismo San Martín, que era un señor burgués conservador, pero en la Argentina no fue eso, dice algo de una radicalidad enorme. Como la frase de Alem.

Yrigoyen es el sobrino de Alem, y sigue con el mandato insurgente. Hay una segunda insurrección Radical en 1893, esa es muy fuerte también. ¿Qué toma un insurgente armado? Hoy tomaría un canal de televisión, no sé qué otras cosas, las casas de gobierno es inútil tomarlas. En aquel momento se toma la estación Haedo y la estación Temperley, los dos grandes nudos ferroviarios de las afueras de Buenos Aires, y se los mantiene durante algunos días. Se toman comisarías del interior de la provincia de Buenos Aires, todo en la insurrección de 1893, también en nombre del sufragio libre. Después hay otra insurrección en 1905, también muy importante, donde se vuelve con el mismo esquema de la técnica del golpe de estado que Curzio Malaparte divulgó en los años 1930. Son técnicas para tomar el Estado. Se toman los nervios comunicacionales, los telégrafos, sus nervios financieros. En el caso de 1905, se toma un importante establecimiento cultural que hoy nadie se animaría a tomar, que es la Biblioteca Nacional, porque era un símbolo cultural total, que no lo es hoy.

Volviendo ahora a1933, para después retomar la polémica que lleva a Alfonsín apenas asume como presidente en 1983. En el libro de poemas ***El paso de los Libres***, de Jauretche, tenemos un gran texto, en los demás, no hay grandes textos. Fija la épica, revela las voces desgarradas de los que murieron, establece un martirologio, llama a la conmemoración. *El Paso de los Libres* es un poema gauchesco. Jauretche lo que hace es revivir la tradición gauchesca. Las voces gauchescas son la más genuina creación de la literatura argentina, la gauchesca es, como muchas veces se ha estudiado, un discurso de la guerra. Surge con la Independencia, porque es el modo en que se produce la amalgama entre el soldado gaucho y el canto de guerra, que es un canto poético, es el canto del payador que lleva a la guerra, como dice el *Martín Fierro*, nada ingenuamente, cantando. Es el canto de guerra poético, poesía y guerra conjugadas en las grandes poesías, respecto de las cuales el *Martín Fierro* innova, en el sentido de que la suya es una guerra de frontera, oscura, sucia, en la que el juez de paz es un personaje totalmente arbitrario, el coronel del fortín es corrupto. No es ya Bartolomé Hidalgo, donde los dos gauchos van haciendo referencia a los episodios de la guerra. Desde el punto de vista patriótico, se construye el lenguaje de la patria. ¿Cuál sería luego el lenguaje de la patria, el científico positivista? No, el lenguaje de la patria es el lenguaje de la gauchesca, por eso unitarios y federales son de la gauchesca. Escriben su gauchesca, unos defendiendo, otros acusando, a Rosas. El Martín Fierro resume toda la tradición haciendo un personaje de suma perdurabilidad, es un gaucho obligado a perder la noción de patria, su vuelta es un intento de reconquistarla.

Jauretche, en cuyos ensayos siempre está la gauchesca –esa es la gran originalidad y la perdurabilidad que tiene–, escribe un Martín Fierro, con los personajes insurrectos, llamado *El Paso de los libres*. El poema es un poema gauchesco de una muy buena factura, tiene una linda rima, tiene giros del Martín Fierro, pero aparece ya el colonialismo, aparece el imperialismo, el fraude electoral. ¿Aquí, qué hace un gaucho hablando? Había desaparecido, pero **Lugones** había dicho en su gran libro ***El payador***, algunas décadas antes: "Sí, desapareció, y está bien que haya desaparecido, por algo es el progreso el que da su veredicto último, pero en nuestra imaginación política debe seguir existiendo". El gaucho está en nuestra vida como parte de nuestra memoria y de nuestras grandes muertes. Lugones escribe *El Payador* como un homenaje a Hernández, y coloca al gaucho como personaje mitológico y central de la reconstrucción política argentina, liberal en ese caso, Lugones todavía no era un fascista, aunque no fue cualquier fascista tampoco. De modo que ese libro seguía influyendo en la mentalidad política de la época, y lo que hace Jauretche es escribir una gauchesca, un canto insurgente gauchesco, sobre un gaucho que pelea contra el general Justo, el hombre de la partida, el injusto. Entonces, recrea la lucha gauchesca en plena era del imperialismo. En la época de Lenin, donde la izquierda quería hablar de otra manera, Jauretche habla en forma anacrónica, pero ese anacronismo llegaba a las conciencias mucho más que el idioma de las fuerzas productivas y las relaciones de producción. Por eso Jauretche sigue importando y muchos intentan escribir como él. Tocó una cuerda en un país inmigratorio, un país que había desapreciado a los gauchos, y sin embargo, había una memoria persistente. Se entendía lo que se quería decir, hablaba de una insurgencia. Ese libro empieza a circular de mano en mano en las filas radicales y llega a uno de los grandes escritores radicales de la época, de una infinita melancolía, que tiene una de las grandes milongas argentinas, que dice "ibas por el sendero, delantal y trenza suelta": **Homero Manzi**, que es un radical yrigoyenista. Tiene un cierto amigo, que también era yrigoyenista, que en ese momento no se sabía que iba a ser el principal y más importante y polémico escritor de Argentina, **Jorge Luis Borges**, que era yrigoyenista. La historia argentina tiene sus reservas y sus secretos. Le pide que escriba un prólogo. Y *El Paso de los libres* de Jauretche tiene un prólogo de guerra de Borges, donde dice, entre otras cosas, que la tradición es para muchos un obstáculo, pero para Jauretche fue una ventura. Borges es un amigo de todos estos temas: todos sus grandes cuentos, "Emma Zunz", "El jardín de los senderos que se bifurcan", exigen la resolución del destino a través de la muerte de alguien. Borges escribe un gran prólogo en ese texto, que se empieza a publicar como un texto de batalla, un texto de la vuelta simbólica del yrigoyenismo. El radicalismo estaba dividido entre los alvearistas pacifistas y los insurgentes que creen que hay un derecho político basado en la fidelidad a Yrigoyen. Persiste la idea de una "oración laica", tema que retoma después Alfonsín, destinada a reparar la verdad. La idea de reparación, de intransigencia, que muchos grupos del peronismo retomarán, en una asombrosa continuidad de la historia argentina, son ideas yrigoyenistas. Borges escribe en un párrafo breve, como todo lo de él, con una contundencia sin igual: "En la odiosa historia de América, aquí tenemos el verdadero germen de la patriada". Borges lo escribe en una estancia de su amigo Amorin, en Uruguay. Al pasar el tiempo, los destinos de Jauretche y Borges se bifurcan, como el gran cuento de este último. Es una historia que hay que entender en términos de los cuentos de Borges o de la gauchesca de Jauretche. En algún momento, cuando llega el peronismo, ostensiblemente, los senderos del jardín de la política se bifurcan, los senderos de ambos, que eran yrigoyenistas, se dividen. Jauretche retira el prólogo de Borges, y se comienza a publicar *El Paso de los libres* sin ese prólogo. El autor, irónicamente, decía: "Borges no sabía lo que decía", claro, estaba en una estancia que se llamaba "Las nubes". (Risas.)

Ese es un gran hecho de la historia cultural argentina. Caído el peronismo en el año 55, el libro se sigue editando, y ya lo prologa **Jorge Abelardo Ramos** <u>48</u> , fundador del partido de la izquierda nacional, amigo de Jauretche y enemigo de Borges. Y, últimamente, hace unos seis años, una nueva publicación –yo no creo en conciliaciones fáciles, pero esta es merecida– incluye los dos prólogos. Hoy se consigue una publicación donde *El paso de los libres* tiene el gran prólogo de Borges y el prólogo, que no es desdeñable, de Jorge Abelardo Ramos, acusando a Borges de pro inglés, pro británico. Son historias que han pasado, pero no han pasado tanto. Exigen que metamos el dedo en el pantano de la historia argentina.

Este libro de Jauretche nos lleva a otro tema antes de terminar, en relación a cómo se deben interpretar el *Martín Fierro* y el *Facundo*, desde el punto de vista de los años 60 y 70 en la Argentina. A esa interpretación es Borges el encargado de llevarla a cabo, porque percibe bien que tratan el tema crucial de la civilización y la barbarie, nuestro mito esencial de escritura, y que a Martínez Estrada le inspira la frase que la barbarie triunfó en Argentina sólo que con otro nombre, el de civilización. Ese es el gran final de su libro ***Radiografía de la pampa***, de 1933, un poco antes de la insurrección del *Paso de los Libres*. Borges siempre fue un estudioso del *Facundo* y el *Martín Fierro*, son exquisitas las elaboraciones sobre los dos libros, sobre todo con el segundo. Borges es un gran escritor de la gauchesca, no se nota, pero si uno afina el oído leyéndolo, está la misma gauchesca de Jauretche con otro idioma que hasta puede parecer inglés, pero está la gauchesca. Por eso no lo podemos agarrar fácil, como a Maradona, aunque la comparación no es buena, no lo podés agarrar fácil nunca, siempre se te escapa por algún lado. Cuando se ve venir la configuración de los 60, Borges dice: "hicimos mal en canonizar el *Martín Fierro*, habría que canonizar el *Facundo*". Canonizar, es decir, llevarlo al libro fundador del mundo cultural argentino. ¿Qué tiene la canonización del *Martín Fierro* para Borges? El personaje Martín Fierro es un desertor, Borges no se andaba con chiquitas, un desertor para el ejército es malo, y al mismo tiempo hay un soldado que deserta, el sargento Cruz. Fierro y Cruz se van juntos a la frontera, vuelven juntos, Picardía es el hijo de Cruz, que quedará a cargo de Fierro, y muere Cruz en un episodio martinfierrezco que recordarán. Martínez Estrada, en su gran interpretación de 1948, *Muerte y transfiguración de Martín Fierro*, condena a Cruz como cobarde y falsario, pero lo cierto es que los insurgentes de los años 60 toman a Cruz como un indicio de la alianza social de la época entre un sector militar nacional y popular y los insurgentes civiles. ¿Quién hace esto? Hay una película famosa, del actual diputado **Pino** Solanas, que se llama *Los hijos de Fierro*, en aquel momento interpretada por un sobreviviente de los fusilamientos del 56, **Julio Troxler** [49] , que fue un gran personaje de aquellos años. Troxler hace de Cruz, que está tomado como eslabón de esa alianza de militares populares e insurgentes sociales.

Borges, lúcido como fue siempre, es como si dijera "si canonizamos al *Martín Fierro* estamos llamando a la violencia guerrillera, como bien lo hicieron Pino Solanas, y antes **Carlos Astrada** [50] , a sargentos que se van del ejército pasándose a las filas del pueblo, ¿qué estamos haciendo?". Con una lucidez muy precisa, porque vio todo esto, y su literatura está inscrita en todas estas cuestiones. Es una literatura que está entre la guerra y la política. Entonces, el debate entre estas dos obras no había cesado en los años 60. Y Martínez Estrada, como siempre, equívoco, era el primer gorila argentino, el que más comprendía todas estas cosas, dijo: "Se equivoca quien cree que lee el *Martín Fierro*, el *Facundo*, la *Excursión a los indios ranqueles*, incluso *Amalia* de Mármol, como si fueran libros pintorescos que relatan cosas del pasado ocurridas en un remoto siglo XIX. Son libros que están hoy acá, y no los podemos leer sin revolcarnos en el suelo". De algún modo, la historia política argentina confirmaba esta manera en que la literatura no parecía que estaba perezosa en un anaquel esperando que alumnos de Letras y del Conicet hicieran su tesis. No, eso estaba presente de otra manera. Todo esto, que podrá ser tema de trabajos académicos, principalmente es el asunto existencial de los hombres del presente. Si vemos la escena política argentina de hoy, no se habla con las mismas palabras, pero también dice de alguna manera algo en este sentido. O sea, las decisiones sobre la vida y la muerte, y sobre el modo de justificarla, el sentirnos o no tranquilos frente a ella, o revueltos e inconsolables, es algo que forma parte de las decisiones últimas de cualquier sociedad. Por esto, no es cualquier sociedad la argentina, no es cualquier cosa lo que se está discutiendo y, por suerte, se está discutiendo con las armas de la argumentación, sean malas, perversas, contradictorias, aunque nadie resista un archivo, no importa.

Ahora quisiera tratar algunas de las escrituras que hizo Rodolfo Walsh de la *Operación Masacre*. Esta obra tiene un cierto paralelismo con **El Eternauta**, que se mete en esta polémica, ¿por qué hay nuevas generaciones que leen esta obra? *El Eternauta* es una historieta ingenua, de un gran maestro de la historietística que era **Héctor Germán Oesterheld**, y con un gran dibujante que es Solano López, creo que emparentado con el Mariscal Solano López del Paraguay. Dibujaba con esos trazos en cuadratura, los rostros eran enérgicos, sumarios, expresionistas. *El Eternauta* es una historia de héroes cotidianos, cambia un poco el giro de la historia del héroe a la manera de Superman, que para ser héroe tenía que venir de otro planeta: acá son personas que están jugando al truco en la provincia de Buenos Aires mientras cae la nevada. Un personaje cotidiano que se transforma en arquetipo. *Operación masacre*, de algún modo, comienza así, no están jugando al truco pero en la misma barriada de Buenos Aires, en Vicente López, están escuchando la pelea de Lausse, y es cierto que son peronistas, que están en algo, pero ese algo era escuchar una proclama en la radio del general Valle, posteriormente fusilado. Son héroes que surgen de la cotidianeidad, de la no heroicidad, y de vida familiar, es una forma emparentada con la novela policial norteamericana. El héroe surge de una circunstancia extraordinaria que no quisiera que le toque, no quisiera entrar en eso, si él es un abogado, violinista, recuerden los personajes de *El Eternauta*. ¿Qué necesidad de salir a la palestra? Pero debe salir como héroe de la vida cotidiana.

Los militares vieron ese libro como el libro formativo de una moral militante paralela a *Operación masacre* de Walsh, porque también eran personajes así. Las historias son muy parecidas, de las épicas populares que tanto hicieron y moldearon algo que, si no, no podríamos explicar, por qué tantos chicos, tantos jóvenes, por qué iban a tomar las armas. De algún modo era la época, que era la de los partisanos franceses, de la resistencia francesa, que aquí se adopta en ciertos emblemas y consignas. Todo eso, por una razón que no es fácil de explicar, estalla en los 60 en todo el mundo: estas historietas eran una forma de llegar a la vida popular, a la lectura adolescente, y lo de Rodolfo Walsh era una manera también de partir de esa vida cotidiana de alguien que estaba jugando ajedrez frente a la estación de ómnibus de La Plata, y ahí se reúnen también un grupo de insurgentes de esa misma revolución que iba a estallar en muchas partes del país. La historia es bastante conocida. Es algo que se sabía, como de algún modo se sabía el intento del ERP de copar Monte Chingolo: se lo deja transcurrir hasta que se apresa a los principales coroneles peronistas que dirigían, y no al general Valle, que era cristiano antes que peronista, el cual se entrega para garantizar que no se siga fusilando, y se lo fusila a él, y escribe una carta que también forma parte del memorial: "A ustedes, sus hijos no los van a poder mirar a los ojos...", una carta cristiana, contra los generales laicos. Aramburu es un general laico, la Marina es el arma laica. La historia argentina tenía esa cúspide que, si la reducimos a los nombres políticos de la época, quizás no sea tan interesante, o lo es de otra manera.

En *Operación masacre*, que tiene tanto que ver con las formas literarias de la época, ¿a quién se canonizaba, quién era el héroe, quién era el traidor? Walsh le agrega muchos capítulos con estos vaivenes de su arduo tribunal moral. No está muy seguro de lo que escribe. Y le va agregando fragmentos que suponen su modo de excluir la historia del Estado liberal, al que la primera versión apela para condenar a los criminales. ¿A quién acusa del fusilamiento? A generales y policías que no cumplieron con lo que el Estado tiene como artificio de su propio código extremo que es una ley marcial.

Después, esto no le interesa, pero acá dice "fusilaron antes de que se declarara la ley marcial". Entonces, les devolvía su misma medicina a los fusiladores, es decir, los fusilamientos estaban firmados, no eran clandestinos, por Aramburu e Isaac Rojas, los dos personajes más importantes del gobierno. No había campos de concentración, era el basural de José León Suárez, Walsh lo hace hablar, como Hernández hace hablar a las piedras en la naturaleza condenando a Sarmiento. Habla el territorio, el paisaje, habla la cultura, el basural. Y hablando condena, ¿de dónde surge esa literatura de Walsh, esas descripciones ascéticas, esas formas del destino? Es Borges, como tantas veces se ha reconocido, como tanto se ha estudiado, el que proporciona las formas, y de alguna manera, Walsh es su discípulo. Así como Jauretche pudo haber sido la configuración más cercana a la secreta gauchesca de Borges – que dijo: "la gauchesca es un género como cualquier otro", pero lo practicó secretamente–. Las piezas se están entrelazando. En una de las reescrituras que tiene *Operación masacre*, en letra cursiva, Walsh trata el tema Aramburu, después de que sucede ese episodio, la decisión que toman chicos de veintidós y veintitrés años, estudiantes del Nacional de Buenos Aires sobre Aramburu. Escribe en cursiva un texto de varias páginas donde justifica la decisión sobre Aramburu, pero trata el siguiente tema que sobrevuela la cuestión del cristianismo, porque Walsh es un nacionalista cristiano, que incluso había apoyado tempranamente la Revolución Libertadora. Le gustan los héroes, como a Hugo Prats, el Corto Maltés, le gusta el lenguaje de la literatura contemporánea, el cómic, que toma a los héroes. Ahí Walsh casi que se enreda en un tema de profunda significación. Aramburu, dice, se había arrepentido de lo que había hecho. Pero era necesario no tomar en cuenta ese hecho para entregarle el perdón, "el mal que había hecho, lo había hecho bien". Cristianismo radicalizado, extremo. Era correcto el fusilamiento entonces. El diálogo de Aramburu con sus captores, que está en obras de teatro, en la novela de **Feinmann**, revela asimismo los núcleos ético-políticos que hay que seguir descifrando en la Argentina, para no volver a transitar esas encrucijadas, pero también para no ejercer el derecho que da el presente de condenar tan fácilmente. Es mejor que nos volquemos nuevamente hacia esos textos, y veamos qué nos dicen, en lo profundo, como tales.

Con este finalizamos la charla; para mí es un gusto venir acá, me gusta mucho hacerlo y creo que es una gran tarea la que está haciendo la Facultad Libre de Rosario. Muchas gracias y hasta la próxima.

Notas

[35] **Santiago de Liniers y Bremond** (o Jacques Antoine Marie de Liniers-Brémond) (Niort, Francia, 25 de julio de 1753 - Cabeza de Tigre (en cercanías a Cruz Alta), Virreinato del Río de La Plata, 26 de agosto de 1810) fue un militar francés que se desempeñó como administrador colonial de la corona española y virrey del Virreinato del Río de la Plata entre 1807 y 1809.

[36] **Manuel Dorrego** fue un militar y político argentino, uno de los principales referentes del federalismo rioplatense de la primera mitad del siglo XIX y el primer gobernador asesinado en el Río de la Plata. Participó en la guerra de independencia y en distintas guerras civiles argentinas.

[37] El ***Plan de Operaciones*** es un documento atribuido a Mariano Moreno, que detallaría en forma secreta las operaciones que la Primera Junta, surgida tras la Revolución de Mayo, tomaría para protegerse de sus enemigos partidarios de la monarquía española. La autenticidad del documento es cuestionada por algunos historiadores, que sospechan que podría tratarse de una falsificación literaria, mientras otros admiten la autenticidad del documento, si no en su redacción actual, en líneas generales como programa de gobierno revolucionario.

[38] **José Gervasio Artigas Arnal** (Montevideo, Uruguay, 19 de junio de 1764 - Ibiray, Paraguay, 23 de septiembre de 1850) fue un militar, estadista y máximo prócer uruguayo. Recibió los títulos de "Jefe de los Orientales" y de "Protector de los Pueblos Libres". Fue uno de los más importantes estadistas de la Revolución del Río de la Plata, por lo que es honrado también en la Argentina por su contribución a la independencia y, con vicisitudes, la federalización del país.

[39] **José Casimiro Rondeau** (Buenos Aires, 4 de mayo de 1775 - Montevideo, 18 de noviembre de 1844) fue un militar y político argentino con destacada actuación en la guerra de independencia de las Provincias Unidas del Río de la Plata. Por dos veces ejerció el cargo de Director Supremo de las Provincias Unidas del Río de la Plata.

[40] La *batalla de Suipacha* fue un enfrentamiento ocurrido el 7 de noviembre de 1810 entre las fuerzas del Ejército del Norte enviadas por la Primera Junta de gobierno de Buenos Aires durante la primera expedición auxiliadora al Alto Perú y las fuerzas realistas españolas. Fue el primer triunfo de los ejércitos argentinos en la guerra de independencia. La batalla se produjo a 25 km de Tupiza, en la población de Suipacha, a rillas del río Suipacha en la provincia Sud Chichas del Departamento de Potosí, en la actual Bolivia, entonces Intendencia de Potosí.

[41] *Ricardo Levene* (Buenos Aires el 7 de febrero de 1885 - 1959). Historiador argentino. Cursó sus estudios universitarios en la Facultad de Derecho de Buenos Aires, a partir de 1901, y se doctoró cinco años después con una tesis sobre Las Leyes Sociológicas. Antes, ya había realizado una traducción de La Historia de la Civilización, de J. de Crozals, en dos volúmenes.

[42] **Pierre-Henri Leroux** (París, Francia, 7 de abril de 1797 - 12 de abril de 1871), fue un editor, periodista, filósofo y político francés.

[43] La denominación *"Generación del 37"* identifica a un movimiento intelectual de jóvenes universitarios que, en 1837, fundó en Buenos Aires el Salón Literario (en la librería de Marcos Sastre) para debatir temas culturales y teorías sociales, políticas y filosóficas de autores europeos de diferentes ten encias ideológicas. La creciente politización del grupo y sus opiniones críticas y reformistas llevaron a que Rosas disolviera el Salón.

[44] En este escrito apologético, encaminado a exaltar la importancia de una sociedad secreta que no había tenido ninguna, Echeverría tuvo el acierto de reunir interesantes informaciones sobre las ideas y los ideales de la juventud de su tiempo, llevando a Rosas y al partido federal una carga que nadie habría sospechado en 1837, cuando, en el famoso brindis naugural, esperaba realizar el programa de Mayo "bajo los auspicios de la Federación". No es posible desconocer que Echeverría se atribuye a sí mismo, y asigna a la Joven..., una trascendencia enteramente fantástica; se comprende que los unitarios no le tomaron en serio, políticamente, sin perjuicio de que algunos leyeran sus versos con mucho gusto.

[45] En la *Vida del Chacho*, José Hernández arremete contra Sarmiento, su enemigo irreconciliable, a la sazón gobernador de la provincia de San Juan. El

Chacho Peñaloza, caudillo regional, se ha alzado contra el gobierno, y Mitre, presidente de la Nación, da instrucciones a Sarmiento y le confía el cargo de "director de guerra", para reducir el conflicto a un acto meramente policial. El Chacho es apresado; lo maniatan, lo atraviesan con una lanza, los soldados disparan contra su cuerpo agonizante, y luego le cortan la cabeza para exhibirla como trofeo, clavada en una lanza (1863).

[46] El **Yo acuso** (en francés, ***J'Accuse***) de Émile Zola es un alegato en favor del capitán Alfred Dreyfus, en forma de carta abierta, al presidente de Francia M. Félix Faure, y publicado por el diario L'Aurore el 13 de enero de 1898 en su primera plana. Ese mismo título, fue usado en un discurso de Pablo Neruda, cuando era Senador del Congreso Nacional de Chile, tras la aprobación de la Ley Maldita.

[47] **Luis María Campos** (Buenos Aires, junio de 1838 - octubre de 1907), militar argentino, que participó en las guerras civiles argentinas, en la Guerra del Paraguay y que fue Ministro de Guerra de la República Argentina en tres oportunidades. Fue hijo del coronel Martín Teodoro Campos y hermano de los también generales Julio y Manuel Campos.

[48] **Jorge Abelardo Ramos** (Buenos Aires, 1921 - 1994) fue un político, historiador y escritor argentino, creador de la corriente política e ideológica llamada la Izquierda Nacional, de notable influencia intelectual en Argentina, Uruguay, Bolivia y Chile.

[49] Sobreviviente de los fusilamientos en los basurales de José León Suárez en 1956 (hecho histórico sucedido bajo el gobierno de facto de la "Revolución Libertadora" que motivó la creación del libro Operación Masacre, de Rodolfo Walsh). Hizo de narrador y actuó de sí mismo en la película Operación Masacre a la que da vida el libro de Walsh. El director del filme fue Jorge Cedrón. Durante la gestión como gobernador e la Provincia de Buenos Aires del Dr. Bidegain, se desempeñó como Jefe de la Policía de la Provincia, hasta la renuncia del cargo por indicación del Presidente Perón, luego del ataque terrorista a la guarnición militar de Azul el 19 de enero de 1974.

[50] **Carlos Astrada** (Córdoba, 1894 - ?, 1970) Filósofo argentino. Profesor en las universidades de Buenos Aires y La Plata y seguidor de Heidegger es autor de El juego existencial (1933), La ética formal y los valores (1938) y Marx y Hegel (1958).